黒澤 勉
Kurosawa Tsutomu

木を植えた人・二戸のフランシスコ

ゲオルク・シュトルム神父の生活と思想

イー・ピックス

木を植えた人・二戸のフランシスコ

ゲオルク・シュトルム神父の生活と思想

目次

ゲオルク・シュトルム神父　年譜

一九一五年二月二一日　スイスのシュイーツ県に生まれる。

フリブール大学（スイス）とグレゴリア大学（ローマ）で哲学を学ぶ。

その後、ベトレヘム会の神学校で学ぶ。

一九四六年（三一歳）宣教師として中国に渡り、南海大学（天津）でドイツ語を教えながら布教。

一九五二年（三七歳）来日、岩手県南の大籠《おおかご》教会、水沢教会司祭として司牧。

一九五九年（四四歳）二戸カトリック教会の主任司祭として司牧（以後八九歳の帰天まで）。

一九六〇年（四五歳）『バイブルソングス』（音楽之友社）出版。

一九九三年（七八歳）『子山羊とフランシス』（岩手日報社）出版。

一九九八年（八三歳）『幸せの種』（信山社）出版。

二〇〇〇年（八五歳）「農民文化賞」受賞。

「IWATE ふるさとづくり奨励賞」（愛ランド岩手県民協議会）受賞。

宮澤賢治イーハトーブ賞の授与が決定するも、これを辞退する。

二〇〇一年（八六歳）二戸市制三〇周年記念篤行者表彰。

二〇〇二年（八七歳）　画集『青い眼に映った茅葺の詩情』（國香よう子との共著）出版。

岩手日報文化賞受賞。

二〇〇三年（八八歳）　ソロプチミスト日本財団環境貢献賞受賞。

二〇〇四年（八九歳）　七月二九日帰天。

一一月　一七六二点の遺作（植物画・絵画）が二戸市に寄贈される。

二〇〇五年
七月一四日〜二〇日　二戸市で植物画・絵画遺作展が開かれる。

二〇〇六年　『神父と野の花』（國香よう子との共著）出版。

始めに

ゲオルク・シュトルム神父はスイスのシュヴィッツ州のインメンゼに本部のあるベトレヘム外国宣教会神学校出身の宣教師で、一九五二（昭和二七）年三七歳で来日、二〇〇四（平成一六）年、八九歳で帰天されるまで岩手県（主に二戸市）にあって生涯を宣教に捧げた。

ベトレヘム外国宣教会神学校は卒業後の宣教地として中国のチチハル、北京、北アフリカローデシアのフォート・ヴィクトリア、台湾の花蓮、南米コロンビアなどで宣教活動を行っていたが、現在、神学校は学生が少なくなって閉鎖されているという。

ベトレヘム外国宣教会と日本のカトリック仙台司教区とのつながりは一九四八年、仙台司教区長浦川和三郎がベトレヘム外国宣教会総長ヴラッセル神父宛てに岩手県の宣教協力依頼の書簡を送ったことに始まる（仙台司教区は青森県・岩手県・宮城県・福島県のカトリック教会を司牧する）。それから五〇年後の一九九八（平成一〇）年八月二七日には、盛岡白百合学園で「ベトレヘム外国宣教会来日五〇周年記念」が行われた。それはベトレヘム外国宣教会の五〇年にわたる司牧に対する感謝の会であると同時に、ベトレヘム会による司牧の終了を告げる会でもあった。
五〇年間に来日した神父は二五名、いずれも豊かな教養をもつ、多芸、多才の、個性的な明るい神父たちであった。これについては『岩手福音宣教百年史』（上田哲・ホーレンシュタイン編著）岩手とスイス――知られざる五〇年』（上田哲編著）などに詳しく紹介されている。

これらの神父たちが日本人にキリスト教の精神を伝える上で果たした役割はきわめて大きい。ベトレヘム会の神父から洗礼を授かり、信仰を支えに生きている人、信仰によって人生の変わった人も多い。神父たちは宣教以外にも、地域社会に貢献し、文化的な活動、国際交流、国際理解などにも尽くした。

神父たちは毎月、第一月曜日、盛岡市の志家町にあるベトレヘム会の本部で話し合いをもっていたが、二〇一七年、残っているのはアントニオ・ツゲル神父ただ一人になってしまった（仙台市在住）。多くの神父が帰天され、また高齢、病のために帰国されたからである。

本書の主人公であるゲオルク・シュトルム神父は神学校卒業の後、一九四六年より中国で宣教活動を展開した。しかし一九五二年共産党政府の宣教師追放政策により三七歳で来日、八九年の長い生涯の約半分、四五年間を岩手県の県北の小さな町、二戸市で過ごし、そこで帰天された。

二戸市は一方に遠く、折爪《おりつめ》岳の伸びやかな稜線が展望され、他方に、大河、馬淵《まべち》川が北に向かって流れる、その流れに沿って伸びる細長い町である。山間の豊かな自然に恵まれた町は漆《うるし》や雑穀の文化を育て、かつては南部藩の居城もあった。

国際化が進み、もはや外国人も珍しくないとはいえ、異郷の地にこれほど長く、深く関わり、その土地の自然と人々を愛した外国人は少ないだろう。神父は『子山羊とフランシス』（一九九三年、岩手日報社刊）という童話を書かれているが、神父の存在そのものがフランシスコに近かった（フランシスは英語の呼び方で、イタリア語ではフランチェスコ、日本では一般にフランシスコと表記される）。イタリアのアシジに裕福な商人の子として生まれたフランシスコは俗世間を捨て、清貧、従順、貞潔に生きる修道者となり、多くの人々を惹きつけて教団を形成、教会の刷新に尽くした。手にキリストの聖痕《せいこん》（スティグマ／イエズスが十字架刑で受けた傷）を授かり、その説教に小鳥たちも耳を傾けたという。自然を深く愛した聖人として世界的に知られている。シュトルム神父の母はフランシスコ会の在俗会員であり、神父もフランシスコを聖人として深く敬っていた（「シュトルム神父語録、聖人について」参照）。

二戸の自然を愛し、育み、保護し、環境破壊を憂えたゲオルク・シュトルム神父は「二戸のフランシスコ」だった、たぐいまれな「聖人」、神を信じ、人を愛し、その愛のためにおのれを捧げた人だったと思う。

筆者の友人の一人は、神父の生活・思想について、それは宮澤賢治の「雨ニモマケズ」

の精神に近いのではないか、神父は「二戸の賢治」だとも言えるのではないか、と語った。賢治の「雨ニモマケズ」の詩には、根底に法華経の信仰があるといわれる。そして法華経と聖書には、似通った思想——自己犠牲的な愛の精神や永遠の命に対する信仰など——がある、という指摘もある。梅原猛が指摘するように、賢治は仏教の教えを童話によって伝えようした「菩薩」だった、と私も思う。

「聖人」と「菩薩」、カトリックと仏教。当然ながら、両者に大きな違いはあるが、共通する点も多い。それは読者の皆さんに考えて頂くとして、ここではただ、神父が「二戸のフランシスコ」だった、日本でいえば、「宮澤賢治に近い人」だった、ということを指摘しておきたい。

二戸カトリック教会は二〇一七年一月、二戸市の道路拡張工事のために取り壊しになった。信者の極めて少ない二戸市に新しく教会建設の予定もない。

筆者にこの文章を書かせているのは、その神父と二戸カトリック教会に感謝し、哀惜する気持ちである。しかしそれ以上に、神父の生活と思想を紹介し「二戸にシュトルム神父ありき」ということを広く世に伝えたいという思いである。

神父の幅広い文化的活動は植物図譜、彫刻、バイブルソングスの作曲、童話の創作そして植林された木々に至るまで、豊かな遺産として残されている。神父は芸術家的な資質に恵まれた「芸術家神父」であった。

だが神父の生活や思想はあまり知られているわけでない。神父の暮らしは秘密のベールに隠されていた、という方が近いだろう。それをここで明らかにしたい。神父の生活と思想への理解を深めたい。それによって、一時、そう呼ばれたように、「二戸の宝」として広く認識されるようになって欲しい。そう願って、これを書こうとしている。神父は生前もそうであったように、帰天後の今も、二戸市にとって、いや岩手、日本にとってもかけがえのない「宝」だと私は確信しているのである。

I
神父の生活

二〇一一年三月一一日、私たちの国は未曾有の天災と人災に襲われた。宇宙物理学者の池内了《さとる》氏は、それを踏まえて、『生きのびるための科学』という著書の中で「便利さと効率性をむやみに求め欲望過多になっている私たちは、日常生活を見直すことを通じて東北地方の人々と苦難を分かち合わねばならないと思う」「今や原発抜きにして産業も生活も成り立たなくなっている。私たちはエネルギーを使いすぎる体質が当たり前になってしまったのだ。日本は科学・技術の力でのしあがってきたのだが、それに増長して危機への想像力が欠如していたことはいなめない。文明ボケに陥っていたのだ」と書いている。

石油文明について懐疑的・批判的であったシュトルム神父が、もし御存命ならこの意見に大いに共感されたであろう。清貧にして満ち足りた神父の生活には、賢治の「雨ニモマケズ」の生き方にも通う「省エネの幸福」がある。

神父は、四五年の長きにわたって、二戸カトリック教会の司祭として生きた。神父の生活を貫いているもの、それは自らおっしゃっていたように、従順・清貧・貞潔を守って生きるということである。それはアシジのフランシスコ以来、現代のマザー・テレサにまで続いている修道院、修道者の生活方針である。より具体的に言えば、キリストの教えに従って、清く、正しく、贅沢を避けて、つつましく謙虚に生きること、神と人々に仕え、祈り、信仰に生きることである。

シュトルム神父の生活は、こうしたキリスト教の修道者の生活の伝統の上に、アルプス山脈の農場で育った体験からくる知恵、労働を尊ぶ心、芸術や学問への愛などが溶け込んだものであった。教会は日本中、また世界中に無数にあるが、二戸カトリック教会はその中で恐らく最も小さく、そしてユニークな教会であった。

カトリックでは、司祭は独身でなくてはならない。食事や洗濯、日常の雑事を手伝ってくれる「コックさん」(食事を始め身の回りの世話役をそう呼んでいた)として、始め菅原勝子さんが務めた後、中野トシエさんが四〇年の長きにわたって勤めた。中野さんの働きがなければ神父の、創造的、精神的な活動は難しいものだったろう。筆者は二戸カトリック教会を訪れ、御ミサに与《あずか》り、その後、ゆっくりお話を伺い、昼食を頂いたが、いつも中野さんのお世話になった。

神父とコックの中野さんとの二人の生活はほとんど沈黙のうちに過ごされた。仲が悪くて口をきかない、というのではない。それは修道院の生活における静けさ、沈黙に近かった。

ある時、神父は中野さんに言った。

「あなたは、自分はしゃべらない人だ、無口な人間だと言いますが、私にはかなわないでしょう」と。

その通りだった。二人はほとんど沈黙のうちに生活していた（中野さんの証言である）。神父は人と語るに能弁で、記憶力に優れ、知識も豊富だったから、人を相手に、幾時間でも語って尽きることがなかった（私は質問を挟むくらいで、いつも聞き役だった）。それはこうした深い沈黙のうちに育てられた思索から生まれたものであった。

神父は朝日新聞やドイツ語の雑誌を読み、世界の出来事、特に戦争や環境破壊などに深い関心と独自の意見をもっておられた。ブッシュ大統領の始めた戦争を厳しく批判されることもあった。テレビは、その日本語が分からないと言って、ほとんど見ることはなかった。また本を集めることもなく、書庫や書棚を持たなかった。本は借りて読んでおられた。本に限らず自分のものを蓄えることが全くなかった。物を持たない人だった。

神父は毎朝、六時に起きて、夏は浴衣《ゆかた》、冬はウールの着物（いずれも人から贈られたもの）を着て階段を下りて来てお御堂《みどう》（といっても、古ぼけた畳八畳の和室二部屋にすぎない）で、ごミサをあげた。その後、朝食をとり、朝食後、洋服に着替えて聖務日課はその日、その日毎に割り当てられた聖書の朗読だが、神父はこれに自由にメロディーをつけてギターを伴奏にして毎日、約四五分間歌った。詩編にも即興で曲を付けて歌った。それは『バイブルソングス』（昭和三五年、音楽之友社刊）となって結実した。その後も新たに作曲は続けられた。

神父はある時、言われた。

「ショーペンハウエルは毎朝、四時から食事するまでの間を執筆に当てていました。ゲーテも毎朝、規則正しく書きました。精神の仕事は感情に支配されないで義務のようにやり続けることが必要です。信仰も精神のことで、同じです。気持ちが燃えるから祈るのではありません。私は聖務日課を唱えるのに飽きたことがあります。それでしばらく休んで、その後、歌で唱えることにして、それが現在まで続いています。世界中見ても、聖務日課を歌っている人はいないでしょう。聖務日課を歌っている時、私ははっきり、イエズスに助けられていること、イエズスが自分のなかに働いていることを意識します。

信仰はペトロが言うように〈冷静な酔い〉であり、単に感情に支配されるのでなく、義務のように実行し続けるものです。」

神父の食生活はスイス流・日本流を併せた質素で独自のものだった。畑も持ち、毎日、農作業（一日三時間）をしておられたから自給自足に近い食生活だった（筆者はしばしば神父の育てた野菜を頂いて帰った）。ベトレヘム宣教会から送られてくる給料は安いものだった。

神父の朝食は、初めライ麦パンを主食としたが、後には全麦《ぜんばく》パンだった。畑でライ麦やコムギを作り、それでパンを作った。作る時、ゴマやキャラウイー（薬草の一種）を入れて粉をこねて作った。

昼はウドンかソバを食べた。夕食はご飯だった。ジャガイモを千切りにしてバターをつけて蒸し焼きにして食べた。神父はジャガイモが大好きで、ジャガイモの皮をむいて、穴を開け、バターを乗せて召し上がった。

神父はコーヒーに砂糖とブランデーを少し入れて飲まれた。また、食後にはケンメルという薬草を入れたコーヒーを召し上がった。神父はアルプスのふもとで過ごした少年時代に、母から教えられたという薬草の知識を豊富に持っておられた。

筆者も教会に行くたびにコーヒーを頂いたが、どこにもない独特の味だった。

薬草の知識をもつ神父は身近にある薬草を利用して、独自の治療をしていた。例えば、カミリデという薬草を鍋でゆで、バスタオルで洗面器を囲い湯気が外に漏れないようにして、それを吸って初期の風邪を治した。コックの中野さんもそれで治したことがある。

ある年の冬、薪《まき》を切っている時、斧がはずれて股《また》を切った。カミリデを布に浸して手ぬぐいを巻き、その上にビニールをかぶせた。骨まで見えるほどの深い傷だったが、血もさほど出ずに治った。

教会では山羊を飼っていた。しかし、冬になると餌がないため、屠殺《とさつ》して肉として食べた（神父は叔父から習ったアルプス仕込みの屠殺技術をもっておられた）。山羊の肉を葡萄酒のワイン漬けにして寒風にさらし、松や杉の煙でいぶし、干し肉の燻製にして信者たちと召し上がった。乳を飲む山羊は食料としなかった。

教会では山羊の乳でチーズを作った。乳にチーズ菌を入れて体温位の温度にして四〇分くらいたつと出来る。しかしチーズ造りは難しく一年でやめてしまった。

神父の生活は半ば農民に近く、畑仕事が好きだった。その畑は、教会の近くに住む平野さんが「何か植えてくれればそれでよい」と言って、堀野にある畑を無料で教会に貸してくれたものだった。一〇メートルに一二メートルほどの畑で、収穫したものを一部、お礼として平野さんに上げた。

神父は一一時頃に昼食をとって休んだ後、コックの中野さんを伴って畑に出かけた。畑は教会にもあり、教会の畑ではライ麦、大豆、ジャガイモ、キャベツ、大根、小豆《あずき》、トウモロコシなどを育てた。ほとんど自分たちの食料となったが、小豆は売ったこともある。それで得たお金はすべて献金された。

ある時、神父は言われた。

「私にとって畑仕事は一種のレクリエーションです。何か面白くないことがあった時、一生懸命農作業をします。そうするとすっかり悩みを忘れてしまいます。

畑仕事で一番きついのは収穫の時で、収穫したものをいつも自転車につけて持って帰ります。リヤカーで持って来れば良いのですが、畑を起こすため、雑草を取るためにしばしば行く必要があります。だから自転車の方が便利です。

畑に行って人に会ったら、話をすることにしています。向こうから話しかけてくることはないので、話題を考えなくてはなりません。今日は蕪《かぶ》のことを聞きました。ウイルスのせいで今年は収穫が悪かったので、そのことを聞いてみました。すると、それは品種のせいだと教えてくれました。話をすると必ず何か教えられたり、考えさせられたりすることがあるものです。」

神父はまれに買い物に出かけることもあった。その買い物の仕方は、シュトルム流というべきか、独自で頑固、自己流を貫いた。

ある時、神父は言われた。

「鉄のこぎりが欲しいと思っていました。一本あれば十分で、私が死ぬまでもちます。しかし店に行くと三本がセットになっていました。一本だけ欲しいのですがと言うと、できませんと言われました。これは不正なことではないでしょうか。

生ビールを飲みたいので、その看板の出ている店に入りました。生ビールを頼んだところ、ビンのものしかないと言われました。生ビールがないのだったら看板を下ろすべきです。私はそれではと言って店を出ました。店の中にビールを飲んでいる人がいました。もし我慢してビンビールを飲んでいるなら、勇気のないことだと思います。

万年筆を買ったことがあります。ケースも包装もいりません、と言ってバックに万年筆だけ入れて帰りました。店員は唖然とした顔をして私を見つめていました。きっと、変な外人と思ったのでしょうね。」

神父は一日三時間、肉体労働——主に畑仕事をした。冬はソリで薪《たきぎ》運びをした。山で刈り払いして伐採した後に残されたものを地主の許可を得て、「捨てるのはもったいないから」と言って、もらって教会に運び、作業小屋で切った。最初は一本ずつ鋸《のこぎり》で切ったが、後にチェーンソーで切るようになった。

小屋に積み上げられた薪は、神父が亡くなって中野さん一人で暮らすようになってから、一〇年余りたってもなくならないで積み重ねられていた。

薪《まき》ストーブは在りし日のままお御堂に置かれ、ストーブの脇の壁には、神父手作りのロザリオが二本下がり、愛用のギターは奥の間に立てられていた。中野さんは、「こうしていると、神父が亡くなったのでなく、今にも外出から戻ってきそうな気がする」と言った。

コラム　神父と中野トシエさん

二戸カトリック教会は一九五八年、久慈教会の伝道館として建てられた。杉本みどり伝道婦が住んで、求道者に公教要理（カトリックの教えを簡潔にまとめたテキスト）を教えたり、子供たちを集めて教会学校を開いたりしていた。しかし、翌年、杉本伝道婦は去って空き家となった。そこに自ら志願して来られたのがシュトルム神父で一九五九年の五月のことだった。

その年一〇月、神父のコックとして勤めたのが菅原勝子さんである。その菅原勝子さんが結婚のためコックを辞め、二代目のコックとして勤めたのが中野トシヱさんである。

教会の隣の小さな家に住み、神父の日常――食事を用意すること、衣服を準備し洗濯すること、神父と共に畑仕事をし、植林の時は苗やスコップをもって手伝いをした。また神父に来客のある時は、コーヒーや食事の用意をした。中野さん自身もカトリックの信者であり、ごミサやロザリオのお祈りに共に与《あずか》った。

中野さんは四〇年に渡って神父の生活を支えた。中野さんのことをここで少し詳しく紹介しておく。

中野さんは昭和一四年、県北の軽米《かるまい》に生まれ、一八歳で八戸の編み物学校に入った。卒業後、その学校で働いたが、二〇歳の時、青森県三戸の戸来《へらい》村で編み物の先生をしたこともある。二一歳の時東京に出て、アパートに住み込み働いた。その同じアパートの友人に「洗礼を受けない?」と誘われた。カトリックについては、子供の頃に八戸のウルスラ修道院に行くとシスターが親切で、お菓子などもらってうれしかった記憶があった。姉もシスターの衣装にあこ

楽しいピクニック（左は工藤京子さん）

がれていて、シスターの絵を上手に描いたりしていた。そういうこともあってカトリックに親しみを感じていた中野さんは、盛岡の四ツ家教会で公教要理の勉強を終えた後、東京の大森教会で洗礼を受けた。

その後、中野さんは東京での生活を切り上げて軽米に帰り、二戸教会に通うようになった。二戸教会ではコックをしている菅原さんが結婚するので、代わりのコックを求めていた。中野さんは農民のような暮らしをしているシュトルム神父に親しみを感じてコックとなる決心をした。二五歳の時である。以来四〇年間、その傍に仕え、神父の暮らしを支え続けた。

若い頃、結婚相手を紹介されたこともあるが、二戸カトリック教会に勤めるようになると、周りの人は修道院に入ったものと誤解したらしく、誰も結婚話を持ちかけてくれる人はなくなった。

中野さんは神父の影響もあって、動物や植物の水彩画を好んで描き、俳句や生活童話風の作品も書いている（本書に所収の『ジョルジュお爺さんと共に』参照）

神父の豊かな創造的生活は、中野さんの家事労働に支えられて可能になったものである。この場を借りて、現在、施設に入所している中野さんにお礼と感謝を申し上げたい。

II

神父の思い出

CAMPANULACEAE
ききょう科 ホタルブクロ属
Campanula punctata Lam.
ホタルブクロ

二戸カトリック教会で日曜日のごミサに与《あずか》る信徒は時期にもよるが、平均して七人程度。四人、五人のこともあった。きわめて少ないが熱心な信徒が生まれた。

共に二〇代の青年である阿部学さん、大林瑠奈《るな》さんも神父から洗礼を受けた熱心な信者で、毎朝教会に来て、ごミサに与り、朝食を共にした。二人とも修道院を志願したこともある。

親の反対があって結婚を機に教会を去ったが、一時期、熱心に教会に通った女性もいる。盛岡から来て教えを受けた看護師やピアニストもいる。青森県の三沢市から夫婦で教会に来て洗礼を授けられた医師夫妻もいる。

その他、商店を営んでいる人、床屋さん、工房を経営している人、教師などもいた。

神父が亡くなり、教会は取り壊しになっても、神父の思い出は多くの人々の記憶の中に生きている。その思い出を紹介する。

〈マックス・エンデルレ神父の思い出から〉

エンデルレ神父はシュトルム神父と同じベトレヘム会に所属する宣教師で、釜石教会や遠野教会などの主任司祭として勤められた後、スイスに帰国、二〇一七年に帰天された。シュトルム神父の一周忌に寄せた思い出を紹介する。

「お兄さん」の思い出

ゲオルク・シュトルム神父は私にとってお兄さんのような方でした。彼の教会は狭くて普通に客を泊める場所がなかったのです。でも、丁度七年ぐらい前、彼の教会で泊まった日のことは、私にとって特に心に残る思い出になったのです。それは、暖かい秋の日に、幼稚園の先生二人を研修発表のため二戸まで連れていったときです。その日の午後、先生たちを会場に残して、私はシュトルム神父の教会へ向かいました。神父は待ってくれていました。彼は私を連れて自分の畑へ出掛け、これから収穫出来るいろいろな野菜を、誇りをもって説明しながら見せてくれました。自分で食べきれないほどの物を、ほとんど知り合いの人々に上げるようにしていました。畑の道具も見せてくれたのです。機械を使わない手仕事のため、使う鍬《くわ》などをそばにあった小さな小屋に置いてあったのです。畑を見たあと、私の車で彼の植えた木を見て回りました。一番多くの木は山の野球場の近くで、もう立派な林になっていました。神父は定期的に回って木の育ち方を見守ったのです。あまり野放しではいけない、邪魔になるやぶを取り除く必要もありました。木の種類は本当に豊富でした。わざわざ二戸のために、スイスから取り寄せ種から育てた木も数多くありました。実際、丁度亡くなる前まで、お庭で、スイスから送ってきた種から芽生えた栗の木の苗を育てていたのです。この栗の皮は剥《む》きやすく、味も良いはずです。残念ながらこの最後のお土産が出来なくなったのです。

教会へ帰ると丁度夕御飯ができていました。おいしい鶏と、シュトルム神父が作った無農薬の野菜をご馳走になりました。おいしかった。特に、赤い蕪のサラダや、漬物にしていたキャベツは彼の好物でした。食事の後、いろんなことを話しているうちに、私も興味を持っている高山植物の話に触れると、彼は手作りの大きな書物九冊を持ち出してきました。長年において、二戸地方の花をほとんど、一つ一つ丁寧にきれいに書いた本でした。もちろん天然色で、写真よりはるかにきれいに見えました。私自身も多くの高山植物の写真を撮ったことがありますが、これを見てあまりの美しさに驚きました。シュトルム神父は、この九冊を二戸地方の野生植物の写本としてとっておいて、最後に二戸市に贈り物として上げたい話をしていました。彼が亡くなってから、二戸市の小原豊明市長とシビックセンターの田口博之所長のお二人が、ベトレヘム会の盛岡本部までいらして下さった時にお上げしました。

その夜寝る前に、神父は自慢にしている手作りの物語の本を持ってきて、その中からいくつかを読んで下さいました。彼は、書くことにも読むことにも名人でした。ドイツ語で書いた本は、ほとんどスイスにいる中学校の先生の甥に送ったのですが、わずかのコピーが私に残っています。


夜だいぶ遅くなってから、私の寝床を準備しようとしたとき、布団を敷くスペースがあまりなかったので、お御堂の祭壇の下に寝るようになったのです。これは私にとって最高の寝床でした。木彫りの守護の天使に守られてぐっすりと眠りました。でも朝早く、二階の神父の部屋からの元気な歌声で目が覚めたのです。私も起きて彼の部屋まで上がっていきました。彼は朝の祈りを歌っている最中でした。招かれて私も参加できました。毎日司祭が祈る祈りでした。彼はまだ前のようにそれをラテン語で祈っていました。後で説明されましたが、彼は毎日、聖霊に勧められて新しいメロデーで歌ったのです。でたらめではなく、本当にきれいなメロデーでした。彼は多くの聖歌を作曲したばかりでなく、聖歌が心から流れ出る作曲者であったといえます。

歌って祈ってから、コックの中野さんも参加し、御ミサを共に捧げました。

小さなお御堂、神父様がご自分で造った祭壇、十字架、御像《ごぞう》とご自分で書いた御絵《ごえ》に囲まれて、共にキリストに出会うミサに深い感動を受けて新しい力をいただいた私は、その余韻をもって遠野教会へ帰りました。

私にとって忘れられない思い出です。

〈角館郁也氏の思い出から〉

角館郁也氏はＩＢＣ岩手放送に勤務し制作部を担当していた折、シュトルム神父を主人公に「木を植える神父」というドキュメンタリーを作った。それがきっかけとなって神父との交流が始まった。神父帰天後、一周忌に次のような文章を寄せて下さった（なお、角館氏はその後、若くして逝去された）。

神父さまの思い出

シュトルム神父をＩＢＣで取材させていただいたのは今から六年前の一九九九年六月です。当時、ＩＢＣでは、ゴールデンタイムにＩＢＣ特集というドキュメンタリー番組を放送していましたが、その中でシュトルム神父を主人公に描いた「木を植える神父」を制作しました。ちょうど二冊目の童話『幸せの種』という本が出版されたころで、神父様の普段の姿を、出版記念会や周囲の人びとの様子とともに紹介させていただきました。

神に祈り、畑を耕し、自作の歌を歌い、岩手の自然をスケッチし、また童話や詩を作る……。神父様の姿を淡々と描いた番組でしたが、その静かな語り口、また清貧ともいえる生活そのものが、逆に大きな説得力となって、私たちに「忘れていた大切な価値観」を教えてくれました。番組はおかげさまで反響を呼び、その後、二回にわたり再放送をさせていただきました。また私どもが所属する日本民間放送連盟では「民放統一キャンペーン・守ろう地球環境」という放送活動を行っていますが二千年春には、シュトルム神父の活動を題材にした一分のキャンペーンスポットを制作、その作品は民間放送連盟賞の全国優秀賞を受賞する幸運に恵まれました。

シュトルム神父は、著書『幸せの種』の中で、あるアナグマが、誰も見向きもしないようなちっぽけな種を育て、その種がやがて大きな木に成長し、その木が木陰を作ってゆく姿を描いています。

当時のインタビューでも神父様は、静かに語ってくれました。

「モノの価値とは何か?　誰もが羨ましいと思う『価値』だけでない。周囲の何でもない小さな自然の中にも美しさがある。そんな身の回りの『宝物』を探すことが出来る人こそが、『幸せの種』を持っている」と。

それにしても何という偶然が、この番組を作らせてくれたのでしょう。

黒澤勉先生、そして高橋章浩先生は私の高校時代の恩師なのです。黒澤先生は現代国語（成績はかんばしくありませんでしたが）、そして高橋先生は副担任でもあり生物、そしてクラブでは謡曲を教えていただき、後には仲人までしていただきました。

まだ福岡高校の男子生徒が、丸坊主に下駄履きだった一九七〇年代、私は自宅のある米沢《まいさわ》から高校まで毎日、自転車通学しておりました。その通学路の中間、当時も長嶺郵便局から陣馬山《じんばやま》方面に折れ曲がる裏小路にはカトリック教会がありましたが、残念ながら教会に立ち寄ることも、神父様とお話しする機会もありませんでした。それでも、神父様が讃美歌の作曲者として全国でも有名な方であることは当時の化学の先生から何度か聞かされておりました。（当時の化学の担当は、後の宮澤賢治研究家の板谷栄紀先生。「宮澤賢治ネタ」を中心に授業はしばしば脱線。「教科書より役に立つ」いろんな話を私たちにしてくれました。）

そんな、かすかな記憶の残る二戸のカトリック教会と「取材」という形で二〇年後に再会できるということは、何というありがたい偶然でしょうか。

神父様の近況をいち早く知らせてくれた高橋先生、そして「取材が大嫌いな」神父様が、テレビカメラでも追えるよう、出版記念会での取材の場を作ってくださった黒澤先生がいなければ、番組を作らせていただくことはできませんでした。

シュトルム神父ともうお会いできないのは残念でたまりませんが、神父様の残してくれ

聖母子像の迎える二戸カトリック教会入り口

教会の玄関（手前は聖母子像）

手作りのロザリオ

教会の住人

御ミサをささげる神父

二戸教会の信徒たちと

手作りのロザリオ

教会（ROSARIO堂）の玄関

二戸カトリック教会の全景

教会の縁がわ

神父愛用の道具たち

教会の裏庭

手作りの十字架とピエタ

手作りの十字架のイエズス

た「シュトルム神父公園林」と、永遠に残るであろうその著作が、二戸のみならず岩手そしてすべての人々の「宝物」になることでしょう。

その意味で、これからもメディアの一員として、そして何より二戸をふるさとに持つものとして、神父様の偉業を後世に残すお手伝いをさせていただきたいと、心から思っております。

〈工藤京子さんの思い出から〉

工藤京子さんは中野さんの姪で小軽米《こがるまい》に住んでいる。叔母の中野さんが教会のコックとして勤め始めたことから自然に工藤さんと神父との交流が始まった。

小学校の四年生の時である。その頃、猿越峠を越えて土、日曜日に叔母である中野さんの家に泊まってくるのが楽しみだった。今の道路と違い、細くて、狭い、曲がりくねった急な斜面で、幾度も酔い、途中の金田一に来るころには「もうここで降りたい」と思うほどだった。

教会に着くと神父は「酔い止めです」と言って薬草酒をガーゼに浸して塗ってくれた。キンメル酒という名前だった。

教会ではナイフとフォークを使って食事を取った。神父は丸い大きなパンを取って、ナイフでパンを切り分けてくれた。食前のお祈りをして自分のお皿にパンを頂き、一口大に切り、バターを塗り、ジャムを乗せて食べる。工藤さんは神父手作りのチーズを口にほおばった。教会で作るキャベツのザワークラウト（キャベツの酢漬け）が大好きだった。

工藤さんは今でも自分の家でザワークラウトを作って食べている。しかし、神父と共に食べたザワークラウトの味が忘れられないと言う。

教会の裏山には時報を知らせるサイレンがある。神父はその山を「サイレン山」と名付けていた。

「カチッ」と音がして「ウオーン」とサイレンが鳴る。すると神父は「さあ、行きましょう」と声をかける。突然のピクニックである。赤いリンゴを「だんの」（背負い籠）にゴロゴロと入れて神父が背負う。神父、中野さん、工藤さん、工藤さんのもう一人の姪の四人で、曲がりくねった急な坂道を歩く。休む時、洋服でゴシゴシと拭いて丸かじりで食べるリンゴは旨かった。

ある日、山羊を連れて荻窪《おぎくぼ》に行った。細く、急な坂道で、最初は張り切って歩いた工藤さんも疲れ始めてスピードが落ちた。最初に山羊がダウンした。山羊はストライキを起こし、神父がロープを引っ張っても歩かず、前脚を折り曲げて、肱《ひじ》をついて歩く。尻を上げてヨロヨロ、グニャグニャ歩くその姿に皆、爆笑した。

神父は「なに、あなたは」と山羊に話しかけた。山羊はいたわられていかにもうれしげに甘えた。疲れはしたが、工藤さんも中野さんも、山羊も、みんな散歩が大好きだった。

途中、神父がひそかに「マリア園」と名付けた場所がある。野球場に向かうカーブの所で、さまざまな木を植えてその成長を楽しみにしていた。神父お気に入りの場所だった。

教会ではまっ黒な猫を二匹飼っていたことがある。「チミ」と「コト」という名だった。神父はこの猫たちのために、大好きなサンマの歌を作曲して、ギターを弾きながら歌った。工藤さんの目に映った神父は茶目っ気のあるユーモラスな人だった。

山羊も教会の一員で「オリンピア」とか「マイヤー」などと、みなそれぞれ名前を付けて、大切に育てていた。工藤さんは教会で山羊の乳搾りを体験した。山羊の乳房は温かく、やわらかく、「フニユ」とした感触だった。乳搾りはコツがあって、なかなか難しかった。

山羊の乳はカフェオレにしたり、チーズを作ったりした。教会のチーズはその時の温度によって、辛かったり酸味があったり、クリーミーにできたりビターだったり、色々だった。酸味の強いチーズはマルメロ酒と混ぜて美味しいケーキになった。

〈大林瑠奈さんの思い出から〉

大林さんは一七歳の頃から、二戸カトリック教会に熱心に通うようになった信徒で、後に修道院に入った。神父が帰天された時、仙台教区報に追悼の文章を寄せた。

感謝の言葉

シュトルム神父様、あなたは私が受洗してから、あなたの側を離れるまで一年間、私に深い愛を注いで下さいました。ほぼ毎日、ミサに通う私を、夏はマリア様の前でロザリオを唱えながら、冬は薪ストーブを焚いて待っていて下さいました。ミサ後は、家政婦の中野さんと三人で、自家製のパンとジャムで朝食。しばらくすると神父様は聖務日課を歌う。それを聞きながら新聞を読む私。そして労働時間の始まり。

畑仕事を手伝ったり、山に木を植えに行ったりしました。あなたは私にいつも正しい愛情と、必要なものを与えてくれました。七月一三日、病院のベッドに横たわるあなたの側に着いた私は、あなたが世を去る別れの悲しみよりも、今まであなたの愛情を理解できなかった、理解しようとしなかった自分の愚かさが悲しくて、申し訳なくて泣けました。この日から一三日間、あなたの側に付き添わせて頂きながら、私は美しい黙想にあずかっていたように思います。過去を思いめぐらし、ベッドに横たわるあなたから、その生き方を黙想していました。そしてこれからも黙想し続けることでしょう…。

「御国《みくに》に行ったら私はたくさん働くことができる」とおっしゃっていたシュトルム神父様、天国では大忙しですね。

〈中野清子さんからのお便り〉

二〇一六年一一月二〇日、盛岡市の四ツ家教会でシュトルム神父の『バイブルソングス』のコンサートが開かれた。東京芸術大学卒の声楽家、大森幹子さんによる日本で初めての『バイブルソングス』コンサートである。そのコンサートに参加された中野清子さんは神父の思い出として、次のようなお便りを下さった。

遠い日のシュトルム神父様

今から六二年前、私は高校を卒業して一八歳、金ヶ崎聖母幼稚園に保母見習いとして一年間お世話になりました。園長先生は水沢カトリック教会のアロイジオ神父様でいらっしゃいました。シュトルム神父様は時々、水沢の教会に来られました。そして足を伸ばして金ヶ崎の幼稚園にも来られて、近くの農家さんから少し、畑を借り、野菜を作っておられました。草をぬいたり、土をたがやしたり、水をやったり、泥だらけになって仕事をなさっていると、そこの農家のお母さんが見に来られ「あれあれ、神父さん。そったに（そんなに）泥だらげになって。そったら汚ねごど（汚いこと）、おらがやってやるがら。神父さん、すなくてもいいがら」と云いました。するとシュトルム神父様は

「どうして汚いなどとおっしゃるのですか。少しも汚くありませんよ。農業は一番美しく、尊い仕事ですよ」

とおっしゃいました。お母さんは少しポカンとして神父様の言葉を聞いていましたが、やがてとても嬉しそうににっこりしました。

その笑顔を見ながら私は、一冊の本を読むひまもなく一年中朝から晩まで働かなければならない農業と農家の人たちをふつうの会社や会社員などより一段低く見ていた自分を、心の底から恥じたことを今でも、はっきり覚えています。

神父様はその頃は無かったいろいろなものを作って私たちにも下さいましたが、口の中でモサモサするばかりのパセリなどを食べながら、どこが美味しいのかなあと思ったものでした。

水沢の教会では「今日はこんな曲を作ってきましたよ」と聖歌を歌って下さいました。

どの歌も無伴奏で、私は「神父様は変わった曲を作られるなあ、グレゴリアン聖歌の日本版という感じだなあ」と思いました。

神父様のいろいろな曲の中で、八〇歳を過ぎた今も覚えているのは、「幸いなるかな心の貧しき人　天国は彼らのものなればなり」ではじまるイエズス様の八つの教えの曲と、「めでたし聖寵《せいちょう》満ち満てるマリア」の天使祝詞だけです。

一一月二〇日、四ツ家教会でのシュトルム神父作曲『バイブルソングス』演奏会の日、もし六二年前のあの無伴奏の聖歌が歌われたなら、なつかしさのあまり泣いてしまったかもしれません。『バイブルソングス』の聖歌は、どれも昔通りの文語体であったことが嬉しゅうございました。古い私は、現在の口語体の祈りがまるで国語の教科書を読んでいるようで味気ないのです。

去年六月の岩手日報「海外県人会だより　スイス」の記事に、ベトレヘム会のエンデルレ神父と会われお話を聞いた方が「今、三〇年代の岩手の話を聞けるとは思ってもみなかった」と書き、そして神父様は今も岩手を思い、行きたいとおっしゃり、和食が恋しいと語っているとのこと。

シュトルム神父様も日本の食事がお好きでした。教会のコックさんが、どんな西洋料理をさし上げたら良いかと悩んでいるのをよそに、納豆に大根おろしを添えて召し上がったのでびっくりしたことが思い出されます。

私はその記事を切り取って日記帳にはり、そのそばに小さく書きました。

「なつかしい遠い日々よ　エンデルレ神父様　水沢の教会に来られた時は元気いっぱいの歌声で　子供たちと遊んでおられましたね。

お年を召されましたが、日々安らかにお過ごし下さい。

友なるシュトルム神父様は今、天なる国でどんな歌を歌っていらっしゃるでしょうか」と。

〈畠山貞子さんの思い出から〉

畠山さんは紫波町に暮らし、地域の歴史や文化を掘り起こす活動を展開、また童話を書いておられる。その畠山さんが寄せた原稿を紹介する。

神父様の童話

平成一〇年、私は五〇歳になっていた。三人の子どもたちが独り立ちして少し余裕が出来ると、高三のときに父を亡くし、数学の教師になりたいという夢を断念していた私の心の中に「もう一度、勉強してみたい！」という気持ちが湧いてきた。そして通った杜陵高校。そこは、さまざまの事情で学びを求めて集う単位制、通信制、ＮＨＫ学園の集合体。年齢も経験も異なる人たちが一緒にがんばる姿には目の輝きがあった。

そこで、同じ科目生仲間の田澤さんから神父様の童話『幸せの種』を、ほどなく、熊谷さんという七〇代の方から『子山羊とフランシス』の本をいただいた。私は神父様の童話を自分の身に引き寄せて考えながら読み進めた。すると、読み終わった後、じわじわとその内容が浮かんできて頭から離れなかった。お話の一つひとつに深い意味が隠されていて何かを教えてもいるようだった。でも、よく分からないところもあって、その疑問を直接神父様にお尋ねしたい！　という思いが募ってきた。

幸い、熊谷さんはカトリック教会のシスターとして長く児童養護施設で働いた経験があり、私のことを二戸の教会に連れて行ってくれた。教会は昔風の日本家屋で、玄関の前にトイレとお風呂らしい小屋があって、田舎の祖母の家を想い出した。中に入ると、神父様がやさしい笑顔で迎えて下さった。私は一目でこの方なら何でも話せる…という気持ちになった。薪《まき》ストーブのあるお部屋は暖かく、窓側には万力が据え付けられていて、鍛冶屋の娘である私は、神父様は山の木や実をこれに挟んでロザリオなどを作られていると分かった。お話していると、ふと思いついたように脇に立てかけているギターを取って熊谷さんと賛美歌を歌われた。その声の美しいこと。そして、神父様の少年時代の悲しいお話しを伺った。

お母様は敬虔なクリスチャンで、神父様に道ばたの草花や樹木の名を教えてくれたとか。

生計を立てるためにご近所の少し裕福な家のご婦人の仕立物をしていたが、ときおり支払いを渋るお宅があって、そういうとき、神父様が取り立てに伺う。すると何故か、スムーズに支払ってくれるのだという。神父様は果樹園のアルバイトをしても大変よく働くので雇い主はとても喜んだという。

『ヤスミーナ』の童話は実際に起きた事件らしく、被害に遭った女の子は同じ学舎の子で、神父様はその葬儀の時、代表して葬送の歌を歌うために前に進み出たのであるが、余りの悲しみのために声が出なかったという。

私が「どうして信仰の道を選んだのですか?」と質問すると、こうおっしゃった。「あるとき、わたしは外の小さなテントのような所に何日も籠《こ》もった。そしてこの道に就くことに決まったのだ…」と。それからは、信仰一筋…。生まれ故郷のスイスを離れて日本の二戸に長く住まわれた神父様。お母様が癌を患われ、お姉様の助けを得て自宅で安らかな死を迎えたことを知らされた神父様。そのお話をなさるとき、少年のように涙を流された。どんなに飛んでいってお母様に会いたかったんだろうかと、神父様が可哀想で可哀想でならなかった。

『子山羊とフランシス』。私が住んでいた町営アパートの同じ棟に自殺騒ぎをくり返す若い女性、Kさんがいた。〈彼女を抱きとめたら救いたい!〉という気持ちが湧いてきた。Kさんは婚家先と実家との狭間で悩んでいた。それから月日が流れ、私は実家に戻って開設した町の小さな文化館「権三《ごんぞう》ほーる」の前を歩いて行くKさんの姿を見た。Kさんは私には気づかず、心ここにあらずというような虚ろな表情をして過ぎていった。まだ、声をかければ振り向いてくれる距離だった。でも、私は声をかけず、ただ見送っていた。私はそのときハッキリ自覚した。「逃げたのだ」と。間もなく、友人からKさんが実家の人たちが帰ったあと、首つりをして亡くなったと聞かされた。私は後悔した。なんで、あのとき声をかけて上げなかったのかと…。いつも嫌なことから避け続けてきた自分が恥ずかしかった。

『パパゲヌクシとバラカシワク』。兄弟猫が苦難の末、再会し、喜びの涙で抱き合うというお話。「そうだ！」一生懸命生きていればどこからか助けがあり、必ず道は開けるのだ。くよくよしてはいけない。また、あるとき、神父様は私の顔をジーッと見て「あなたは周りからいろいろ言われるでしょう。でも、そんなものはゴミに捨てなさい！」と力強くおっしゃった。

『幸せの種』。さくらんぼの種ほど大きい種を拾った穴熊。その種が芽吹くためには栄養や環境だけではありません。握ったら離さない深い愛情が必要なのです。

神父様のお話はどんでん返しがあったり、思いがけない発想があったり、深刻になるのが苦手な私には思わず、クスッと笑ってしまうようなユーモアがある。私もこんな、読んだ人が幸せな気分になれる童話を書こう！と。

〈高橋章浩先生の思い出から〉

高橋先生は元福岡高校勤務の生物の教師でエーデルワイス山楽会の会員でもある。『幸せの種』出版の折、下記のような文章を寄せて下さった。

自然と共に生きる神父

降誕祭前夜、二戸の冬は厳しかった。来る日も来る日も雪が降り続いて、山の木々はその雪の重さに耐えかねて、悲鳴をあげて倒れた。夜はしばれて、雪踏む足音はキュッキュッと泣いた。二戸カトリック教会の門をくぐると、道祖神のように小さなサンタマリアの御像が雪かまくらのような小さな御堂の中にひっそりと立っておられる。雪の森は黙して子山羊もアヒルもみな静まり返ってじっと寒さに身を縮めている。

中に入ると祭壇のある部屋には薪《まき》ストーブが赤々と燃えて、身も心も温まる。二戸教会の御ミサは神父様作曲のバイブルソングの歌に始まる。

「幼な子われらのために生まれ　おのこ　われらにあたえられたり

そのみなは天主　平和の君　その御国《みくに》に　終わりなからん」（イザヤ九―六）

神父様が奏でるギターの音色は山々にこだまし、雪の森を駆け抜けて、私たちの心を平安と幼子の誕生の喜びで満たす。

ミサを終えて皆でストーブを囲み、テーブルに用意された神父様手作りのライ麦パンとザワークラウトを前に、ブドウ酒で祝杯をあげる。パンやキャベツ、チーズ、ソーセージなどすべて神父様の手作りである。

聖夜の祝宴のハイライトは神父様自作自演のギター即興曲である。美しいドイツ語の詩と旋律は魂をゆさぶる。

安比《あっぴ》川、馬淵《まべち》川、白鳥《しらとり》川、男神《おがみ》山、女神《めがみ》山、折爪《おりつめ》岳―この山と川のある町はスイスとどこか似ている。遠くヨーロッパアルプスの風光明媚な富める国、そのスイスからアジアの島国日本の、賢治のいう「イーハトーヴ」岩手にやってきて、二戸の自然と人々を愛し続けて四〇年。一人で木を植えておられる神父様の姿は尊い。ジャン・ジオノの小説『木を植えた人』の質朴な老農夫エルゼアール・ブフィエの姿が重なって見えてくる。希望の木の実を植え、緑の森を再生させる森の哲学者シュトルム神父様の大業はその高潔な魂と無私の行為がもたらした無限の愛の現れであり、豊かな知識と経験に裏付けられたものである。農業と植林に汗する神父様の植物研究は専門家はだしで二戸市の植物をスケッチした膨大な図譜もある。

かつては透明な川底に化石を見ることもできた白鳥川も、他の日本の川と同じように汚染が進んでいると聞く。文明という甘い汁を吸って経済を優先し、便利さを追い求める生活が本当に豊かな生活なのだろうか。「農民神父」である神父様の生活は質素そのものである。神父様の生活は私たちに本当の幸福とは何か、豊かさとは何かを教えてくれる。

神父様は、作詩や物語の創作など文学的な才能にも恵まれておられる。『子山羊とフランシス』(平成五年、岩手日報社刊)に続き、この度『幸せの種』が出版されることになった。二戸の豊かな自然が詩人シュトルム神父の心に濾過されて結晶した作品は私たちに深い感動を与えてくれるに違いない。

〈國香よう子さんのエッセイから〉

國香さんは二戸市在住のエッセイスト。神父の人柄と生き方に感銘を受け、その顕彰に努めた方でもある。神父の描かれた絵に國香さんが文章を添えて本として出版もされた。

雪の中の詩情

雪は天からの手紙とか。真綿のように、花びらのように舞い降りる雪の手紙を肩に乗せて、くぐり戸を入り、玄関の呼び鈴を押した。二戸カトリック教会。表札と庭先に立つ小さな木彫りのマリア像を見なければ、教会と気づかない普通の日本家屋だ。

その日私は、年末に行われたシュトルム神父様の祝賀会の写真を届けに伺ったのだが「あなたに見せたいものがある」と招じ入れられ中に上がった。畳敷きの八畳間に薪《まき》ストーブが赤々と燃え、快い暖かさが身を包む。

「薪ストーブって、気持ちいいですね」と手をかざす私に、神父さまは「薪ストーブは燃料費がかかりません。山の木の枝が折れて道に落ちていても、今はだれも拾いません。それを私が拾い集めて運び、燃やしています。環境整備にもなります」と笑顔を向けられた。

「まあ、神父様がご自身で?　ご苦労さまですね」と驚く私に「人間は外からだけ熱を求めてはいけません。体の内側から出るエネルギーこそ大切なものです」と、汗して働くことの大切さを示された。

スイス人ゲオルク・シュトルム神父様は、一九一五年生まれ。スイスとローマの大学で哲学を学んだ後、ベトレヘム神学校を卒業して神父の道を歩みだした。初め宣教師本部の命により、中国の天津で布教に当たるが、文化大革命の政変に遭い危ないところをスイスに戻った。来日されたのは五二年。藤沢町、水沢市の教会を経て、五九年に二戸カトリック教会の司祭となった。

教会といっても畳敷きの二間で、神父様は自らクワをふるって自給自足の清貧の暮らしを貫き、スイスの牧場で育った体験を生かして農民たちに酪農の指導に当たったり、多くの人を励ます役目も果たしてきた。

シュトルム神父様は、二戸を第二の故郷として自然保護を思い立ち、二〇年以上前から、工事などで伐採された裸の山や、切り開いた道路の斜面に、二戸市の許可を得た上で環境に合う植物を種から育て、植林を続けてきた。その数五〇種二千本に達するという。今では見上げるばかりの大樹となり、小鳥を休ませ、風と語らう。

神父様の人知れず続けた行為が「木を植える神父」として波紋を呼び、昨年秋「愛らんどいわて」県民運動協議会のふるさとづくり奨励賞と、岩手農民大学の農民文化賞に輝いたのであった。

その日神父様が私に見せてくださったのは、雪の中の二戸地方の草屋根を描いた水彩画帳で、七八年当時、まだこの地に存在していた貴重な草屋根の数々だった。神父さまは凍える手を温めながら、七〇枚の「雪の中の詩情」を描きあげたのだ。植物画帳もあり、その精密さに驚く。

二戸市に住まいして四一年。宣教師として使命感に燃えていたとはいえ、あつれきや孤独感がどれほどあったものか。今八五歳の神父様のまなざしは、賢治精神にも通じるすがすがしさに満ちている。シュトルム神父様こそ、二戸の宝にふさわしい。

（平成一三年一月　岩手日報「ばん茶せん茶」）

〈菅野耕毅氏の思い出から〉

菅野耕毅氏は岩手医科大学教授で学生に法学を教授されてこられた。医事法学の研究者、権威者でもある。シュトルム神父帰天後一周忌に当たって、次のような思い出を寄せて頂いた。

シュトルム神父様については、わたくしが昭和四六年（一九七一年）に盛岡に越してきて間もなく、『バイブルソングス』の作曲者であり、芸術的才能の優れた方であるという評判を聞いておりました。やがて、実際に神父様にお会いし、その作品に接するようになって、その評判が真実であることがわかるようになりました。

昭和五三年（一九七八年）七月に、岩手カトリックセンターの事業として『G・シュトルム個展―二戸の萱葺きの家』を開催することとなり、わたくしも、センター運営委員の一人として、その個展のチラシやポスターを作成し、立看板を書くなど開催の準備や事務を担当することになりました。そこで、神父様のすばらしい作品群にじかに接し、深い感動を覚えました。また、その作品に関心をもつ医大の教授たちを会場に案内しましたが、皆さんも大変感銘を受けたようでした。

昭和五五年(一九八〇年)一〇月の『G・シュトルム個展―水彩画・二戸の花』の場合も同様でした。

平成五年(一九九三年)一一月、黒澤勉氏のご尽力により、G・シュトルム著『子山羊とフランシス』が岩手日報社から刊行され、翌年の平成六年五月には、その出版記念講演会が企画され、わたくしもその打ち合わせ会に参加し立看板を準備するなど協力することになりました。シュトルム神父様の出版記念講演会は、五月一五日(日)午後二時半から、岩手カトリックセンターの大ホールで開催されました。講師紹介は黒澤氏が、司会はわたくしが担当しました。

『自然を愛するということ』と題する神父様のご講演は、二戸における長年にわたる体験をもとにしたお話で、自然を愛すること(自然保護)と、産業を振興すること(経済生活)との調和は、いかにして可能なのかという大きな問題について、いろいろ考えさせるものがあり、聴衆に深い感銘をもたらしました。引き続き四時からは、中ホールで記念パーティーが催され、神父様の作品の一つ『金のよろい』の朗読(菅野節子)もあり、とてもよい雰囲気の茶話会でした。夕方六時からは、講演会の運営にかかわった人たちによる夕食会が東日本ホテルで催され、シュトルム神父様を囲み、小野寺雄剛氏（岩手日報社）、U・リヒター氏（翻訳協力者）、黒澤勉氏、高橋章浩氏、佐藤照枝さん、八重樫孝さん、菅原勝子さん、金子淑子さん、わたくしたち夫婦などが出席し、それぞれに楽しく語り合うことができ、忘れ得ない夕べとなりました。

そして、同年六月には、四ツ家教会婦人会主催の二戸教会巡礼が行われました。婦人会の鎌田イサ子さん、田近セツ子さんなど役員の方々の企画により実施され、三〇余名の参加があり、その中には長谷川氏、軽石氏、湯口氏、わたくしの四名の男性も参加させてもらいました。八時にバスで四ツ家教会を出発して九時半ごろ二戸教会に到着しました。教会は民家風の建物で、その門を入ると、右手にシュトルム神父様の彫刻になる聖母子像が出迎えてくれます。ミサ後、神父様から、二戸での生活や野球場その他への植樹のいきさつなどについてお話を伺った後、教会の裏の畑に出て、野菜、草花、苗木などについて詳しい説明を受けながら興味深く見学をしました。さらに、少し離れた市営球場まで案内していただき、歩きながら、エドヒガン桜、ドイツトウヒなどさまざまな植樹の現状を視察するとともに、これにいたるまでの苦心のほども伺うことができました。正午過ぎに、神父様に別れを告げて、二戸駅前の食堂に移動し皆でそばの昼食をとった後、二時近くに出発して安代町に向かい、綿帽子温泉で休憩してから帰路につき、五時ごろ教会に帰り着きましたが心なごむ満たされた一日となりました。

このように、わたくしはシュトルム神父様とは数回お会いしただけでしたが、その時々の会話や神父様の絵・著書を通じて、何か大きな宝をいただいたように思われ、今では忘れがたい大切な人となっています。

〈近藤真木子さんの思い出〉

二戸カトリック教会には、日曜日に青森県の三沢市から通って来られる熱心な医師夫妻もおられた。近藤真人、真木子ご夫妻である。ここでは神父の終末期に関わる真木子様の思い出を紹介する。

遺されたもの

「決してロザリオを手離してはならない」

「あなた方は、いつも一番低い所にいなければならない」

あの晩、病院のベッドの傍らにいる夫と私に遺された、シュトルム神父の最期の言葉です。

すこし息を整えて顔をお上げになり、神父様は「決してロザリオを手離してはならない」

と、もういちど同じ言葉を繰り返されました。しっかりしたお声と口調でした。

夫と私の目を交互に見据えていた青い瞳。鋭い光を湛えた神父様の眼差し。厳しい病床にあって、全身全霊で語られた一字一句とそのご様子が、いまも鮮明によみがえります。

中野さんから神父様ご逝去の連絡があったのは、その翌々日のことでした。


あの日、二戸病院は静まり返っていました。すでに午後八時を過ぎていました。足早に向かった病室の前には年配の男性がいて、「神父様、来ましたよ、来ましたよ」とつぶやいていています。そして「いままで神父様に会っていたのですよ」と、見舞客用と思われる廊下の畳敷きのコーナーにうつむいて腰を下ろされました。

唇をきつく結び、夫と私は病室の中野さんと黙礼を交わして神父様の所へ。

この大切な時間に、私はなにを思いなにを為すべきなのか。じりじりと湧いてくる焦燥を宥《なだ》めながら、私は聖母を想っていました。ほんとうに今その時が来たのか。もはや私たちの願いは退けられ、縋《すが》りつく先で手綱は切られてしまうのか。

沈黙の病室で、酸素を送り出す機械がシュルシュルと音を立てていました。刻々と、誰にも止めようのない時間が容赦なく過ぎていきます。

「神父様、近藤さんたちですよ、ここにいますよ、神父様、目を開けてください」

付き添っていらっしゃる中野さんの声に、ハッとして私は我にかえりました。目を移すと、神父様が私たちをご覧になってわずかに頷《うなず》いていらっしゃいます。しかし、「神父様…」と、後の続かない言葉を口にして、私たちは立ち尽くすばかりでした。

するると、神父様はご自分で酸素マスクを外し、両手をこちらの方に少し差し出して、「ひっぱって」と仰ったのです。〈引っ張る？〉夫がその手を握ってちょっと引っ張りました。

すると、もっともっとという仕種をなさるので、今度は夫と私が神父様の両手を取って、ゆっくりと引っ張り続けました。神父様の上半身が、とうとうベッドの上に起き上がります。

「ふうっ」とひとつ息をつき、それから神父様は仰いました。

「先生、奥さん、決してロザリオを手離してはならない。それから、あなた方は…」

アルバート・パインはその著書でこう述べています。

「人が自分の為に行ったことは、その死と共に消え去る。しかし、人が他者や世の為に行ったことは不滅である」と。

私は、神父様がお亡くなりになってからの一三年間を思い起こしています。様々な出来事が私を通り過ぎていきました。しかしどんな時にも、神父様がくださったロザリオが私と共にありました。あの小さな教会と畑、毎年たくさんの実をつけた胡桃《くるみ》や柿の木が、今は唯なつかしく、目を閉じれば在りし日の神父様のお姿がありありと浮かびます。そのお声も近くに聞こえます。形有る物が変わり又その存在が失われようとも、シュトルム神父の言葉が私の心から消えることはないでしょう。

私はあらためて神父様に深い感謝を捧げ、日々にロザリオを握りしめています。

〈金子淑子さんの思い出から〉

金子さんは長い間、盛岡市にある日本赤十字病院の助産師として勤務、ガールスカウトの団員としても活躍している。シュトルム神父の一周忌にあたって寄せてくれた文章を紹介する。

シュトルム神父様に感謝

市内にまだ職場があった頃、医大歯学部のビルとビルの間のほんのわずかな隙間に姫神山がちょうど見えました。晴れた朝は紫赤色、日中は水色、天気や時間によって山の色は違いました。あの山の向こうには二戸の教会がある、いつも変わらない二戸の教会でシュトルム神父は私たちを待っておられました。

二戸に行く電車の中で、告解の準備をしたり、質問することを整理したり、神父様に会う心の準備をしていました。指導司祭をお願いしていましたので、月一回は神父様を訪ね、信仰の事や色々な悩みを相談しました。信仰や植物、音楽、農業その他深い知識をお持ちでした。あるクリスマスの深夜ミサは、中野さんと二人だけでした。二人で聞くのはとてももったいないお話でした。神父様の周りがロウソクのような光で輝いて見えたことが忘れられません。

「願い求めれば、必要なとき必要な恵みは与えられる。」この言葉は、故小野寺順子団長がシュトルム神父様から聞いて亡くなるまで支えにし、私たちに残した言葉です。神父様は帰りの盛岡までの道を、告解のあとの罪のつぐないとして献げなさいと言われました。巡礼のようにするよう勧めました。

シュトルム神父様がいなくなってからも変わらずにある教会、中野さんが守ってくださる教会へ、神様との交わりを求めてこれからも行きたいと思います。

神父様、あなたは「全て、イエズス・キリストにより頼む者は、しあわせ」という言葉も残されました。これからも、本当に弱い私たちを助けて下さい。二戸カトリック教会を守り導いてくださいますよう聖母マリア様に祈って下さい。

〈佐々木郁子さんの思い出から〉

佐々木さんはカトリック盛岡上堂教会のオルガニストであり、聖歌の指導者である。神父の一周忌に寄せた文章を紹介する。

恵まれた一日

平成元年、盛岡青山町に住む事になり、上堂教会の一員となった。上堂教会の聖堂の祭壇の左側に、木彫りの像「守護の天使」が安置され、ひときわ目につく。製作者が二戸教会のシュトルム神父様との事、それで、私ははじめて神父様のお名前を知った。又ミサの時歌われていた聖歌がバイブルソング、聴いた事がない曲で、全部シュトルム神父様が、作曲されたとのこと。間もなく『子山羊とフランシス』という本を出版され、拝読した。そして平成一〇年一二月『幸せの種』が出版され、又早速読ませて頂いた。翌年五月一六日、出版記念会が開かれ、二戸教会を訪れるチャンスが到来、私も参加する事が出来た。福岡の野球場の周囲、神父様が長い年月、植えられた木々を、神父様の案内で散策しながら拝見した。道々、立派に育った大きな木や植えたばかりの木等を見、風薫るさつき晴れの風景を眺め、木の種類の説明を伺い、木を育てる心使いを知り、神父様の木を植えられる思いと祈りが、切々と胸を打った。中でもしっかりと記憶に残っているのが、西洋タンポポと日本タンポポの違いについての説明で、以来タンポポに気をつけるようになった。殆ど今見かけるのは西洋タンポポである。神父様が帰天され、葬儀ミサの時に頂いた神父様の書かれた絵が、奇しくも「日本タンポポ」であった。額に入れて大切にしている。神父様のお住いは、純日本家屋。畑を耕し、鶏を飼い、出来る限りの自給自足の生活をされ、質素なたたずまいに心が洗われる思いであった。記念会の時、神父様が即興でギターを奏でながら歌われたマグニフィカト。心に浸み入る不思議な感動に唯涙であった。この日一日だけだったが、充実した日であった。この福岡の地で、祈りつつ木を植え続けられた神父様と共に過す事が出来た恵みに、心から感謝である。

短歌　―シュトルム神父を思う

黒澤勉

枕辺にロザリオのあり　臨終の苦しみ救う大いなるもの
検査機器ベッドの前に置かれいて　生《いき》の証に波動を描く
博学の深き思索の神父なり　若き日に会う我の幸せ
信者らの救いをひたに祈りつつ　己を捧ぐ聖き生涯
二戸市の植物図譜を完成し　ここが古里と語りし神父

コラム

カトリック畜産農家の夢——藤沢町大籠教会を訪れて

平成一〇年三月二九日、春休みを利用して東和町の萬鉄五郎記念館や毘沙門天、種山が原、猊鼻渓《げいびけい》、大籠《おおかご》方面の一泊ドライブ旅行に出かけた。目的は宮澤賢治の足跡を訪ねる事にもあったがそれ以上に、シュトルム神父のおられた大籠教会に行ってみたかったのである。一関に泊まって、翌朝早く出たために、猊鼻渓では日曜日なのに一人も観光客がいず、贅沢なたった一人の舟下りを楽しんだ。猊鼻渓から藤沢町の大籠まで車で一時間半、広々とした明るい、静かな田園地帯の丘に大籠殉教公園があった。遠藤周作、加賀乙彦、田中澄江など著名なカトリック作家がここを訪れ感想を書き記している、その一節が石段の脇にレリーフとして刻まれている。石段の頂上には船越保武の製作した十字架のキリスト像をおさめた館がある。石段の脇の十字架の道行きのコースを歩み、帰りに館の下の資料館を訪れる。凄惨を極めた殉教の跡が生々しく偲ばれる。それにしても当時のキリシタンの信仰心の強さにも驚かされる。現実的に考えれば、「一文の得」にもならぬどころか、その信仰さえ捨てれば命は助かったのに、それを捨てず自ら死の道を選んだ。驚くべきことである。

資料館で「以前、こちらのカトリック教会にいらっしゃったシュトルム神父様をご存じの方はいらっしゃるでしょうか」と尋ねると「ああ、それなら沼倉さんがいいですよ。教会の近くの赤い屋根の家です」と教えてくれる。

資料館から教会まで車で五分。教会はゆるやかな丘の上にあった。今は無人の、ひっそりとした寂しい小さな教会である。昭和二七年に建立され、お祝いにスイスから鐘が贈られた、と記されている。日本とスイスの思わぬつながりを私は発見したわけだが、今や人住まぬ教会になっているのは、寂しい。教会の前には、小さな家がある。「ああ、神父様はここで生活しておられたのか」と、今の二戸教会とだぶって見える。いずれも今の世の中には珍しいほどの、質素な文字通りの「清貧の館」である。教会の丘には杉の木が数本伸びている。おそらく神父様が植林されたものであろう。

教会を去って、「赤いトタン屋根の家」を目印に、沼倉さんの家を訪れる。

「ごめん下さい。突然お邪魔して失礼します。私は二戸教会でシュトルム神父様から教えを受けている者ですが、こちらは神父様のことをご存じでしょうか」と言うと、「シュトルム神父様ですか、ええ、ええ、よく知っていますよ。どうぞ、どうぞ、中にお上がり下さい」と言う。

中をちらっと覗くと、四人ほどの人がいて、今、丁度、昼食の最中である。食事中にお邪魔するのも失礼と思いそのまま引き上げようとしたが、「遠慮しないでどうぞどうぞ」と言う。

滅多にくる機会もないと思えばつい厚かましくもなる。昔は炉だったという掘り炬燵に足を入れて、お茶を頂きながら沼倉さんと奥さん、それに息子さん夫婦、そして丁度訪れていた客らしい人と五人の輪の中に加わってお話を伺うことになった。

「シュトルム神父様ですか。いやー懐かしいですねえ。神父様がこの教会を去るとき、この土になるつもりで来たのに、とおっしゃってアメ玉のように大粒の涙を流されたので、みんなもらい泣きをしたのを今でもはっきりと覚えていますよ。農学博士で率先垂範の神父様だから私たちも本当に期待していたものです。」

沼倉さんは当時を思い出しながらつぎつぎに語って下さった。

「二百町歩の土地を無償で借りてここで本格的な酪農をやろうとしていた矢先に、神父様は転勤になってしまったんです。本当に残念で、がっかりしたものです。当時は酪農ブームでしたからね。信仰というより生活が先ですね。信仰と経済を結びつけた布教でなくてはなりません。信仰によって精神的に満たされ、収入を得て経済的にも安定する。これくらい良いことはありませんよ。」　沼倉さんは独自の信仰論を熱っぽくお話になる。

「神父様は、牛の飼料にする牧草の種をスイスから取り寄せて、自給飼料が中心ですからこれを試作してみて下さい、と言われましてね。私たちはその種を蒔いたものです。また、スイスから草刈り鎌を取り寄せましたが、その鎌は機械以上に効率のいいものでしたよ。牛の乳房炎など獣医を頼まなくても神父様がなおしてくれました。獣医は、治るわけがないと言っていましたが、みんな治ったものです。そういえば私の叔父の娘だった山口美代子さんも神父様に命を助けていただきました。病院で至れりつくせりの看病を受けましたが、もう助からないと言われていたんです。その娘が神父様の薬―漢方薬のようなものでしょうね、それで治ったのです。薬草に詳しい神父様でしたからね。その娘は今でも埼玉県に健在ですが、命の恩人ですね。教会の井戸掘りもみんなでやりましたね―。教会に櫓《やぐら》を建てて盆踊りをやったこともありますよ。自家製のライ麦パンをごちそうになったり、ジャガイモの丸ゆでを頂いたこともあります。神父様は下駄が好きで、農家の人に下駄を作ってもらってはいていました。何しろ足が大きいので、普通の下駄では間に合わなかったんです。畑仕事は当時みんな裸足でやったものですが、神父様ももちろん裸足でしたね。下肥も当時は大切な肥料でしたから無駄にしなかったものです。教会の前のスギやラクヨウはみんな神父様が植林されたものですよ。豚肉を買って来ると囲炉裏のある人の家に行って、それを借りて薫製を作っていましたね。ビートの苗を神父様から頂いたこともありますよ。信者は四〇人くらいいましたし、しかも増えていきましたね。今では若い

シュトルム神父と筆者(黒澤)

人はいなくなるし、年寄りは減っていくしで、寂しい限りですよ。」

話は次から次へと湧いてくる。神父はこの大籠の農家の人々に忘れることのできない良い思い出を残されているようである。同じ席にいたおばあさんが思い出したように『オラ亡くなる時、和尚さんなんか頼まね、神父様さお願いしてぇ』って友達が言ってました」と口を添える。息子さんも「教会は坂の上にあるのでリヤカーの後押しをして手伝ったことがありますよ。神父様が去るときそのリヤカーを頂きました。ガッチリした重いリヤカーでしたね」と言う。沼倉さんの話はいつかキリシタンの話へと変わっていく。

「昭和四八年八月、刈り払いをしていた職人が山に人が生活していたらしい洞窟があるのを発見して騒ぎになったのです。電灯やスケールを持ってもう一度行ってよく調べてみると奥が深く、毛とか糞の跡がある。さらに奥に進んで行くと棚があって明らかに隠れ穴だということがわかり大評判になりました。その穴は製鉄に携わっていたキリシタンがタガネでくり抜いて掘った穴で、土の部分は崩れ、岩の部分だけが残ったものでした。土の部分は二メートル、岩の部分は八メートルで一番奥に棚がありました。棚のところからは折れ釘も見つかりました。明らかにここでは礼拝が行われていたのです。このあたり一帯にこうした隠れ穴があり、べっ甲でできた笄《こうがい》（髪をかき上げる道具）が見つかったこともあります。車も入るような大きな穴で骨も出てきたことがあります。キリシタンが昔、ここに製鉄の技術をもたらしました。伊達藩では鉄砲など造りました。鉄を溶かすための釜を作るのに必要な赤土が大籠で取れたのです。砂利などの原料は皆、馬で方々から運びました。多いときは三万人もの人が往来したといいます。釜を据えた山は『お鉄山』と呼ばれ、製鉄の技術者たちは『銅屋八人衆』と呼ばれました。その当時製鉄した、鉄くずが今でもありますよ。カナゴ石と言って赤茶けたものです。鉄は文化のシンボルといいますから、ここは文化の発祥地と言うことになります。その文化をもたらしたのが製鉄技術をもつキリシタンだったのです。その人たちは弾圧を受けて三百九人も殉教しました。殉教記念公園の石段の数はその数を示していきます。弾圧を恐れたキリシタンがその洞窟で密かに御ミサをあげていたのです。キリシタンが入ってこの地域の三つあったお寺は皆、つぶれてしまいました。今でも大籠にお寺は一軒もありません」

沼倉さんは専門のガイドのように大籠のキリシタンの話をしてくださる。洞窟の発見された当時、毎日取材の人が来てその説明役を務めたためらしい。

ひとしきり製鉄キリシタンの話が続いた後、話は再び神父のことに戻った。

「あの神父様だったら、付いて来いと言わなくても、人は付いていきますよ、何をやってもあれだけできる率先垂範の神父様にかなう人は、いませんよ。あれだけの信念を持ち、しかも本当に質素な生活をしていました。人は口先だけで付いていくわけではありません。何よりも実行ですね。」

沼倉さんは幾度も「率先垂範」という言葉を繰り返された。四〇年以上も昔の、神父に対する敬愛の念が生き生きとよみがえって来るらしかった。

翌週、二戸教会に行って「大籠教会に行って、沼倉さんにお会いして来ましたよ」と神父に報告すると、「沼倉さんですか。あの人はどぶろく自慢でしたね。私も頂いたことがありますが、その後、お腹が痛くなって大いに苦しみました。六原に行って頂いた時は、ちっとも痛くなりませんでしたから、きっとあまりよくないどぶろくだったんですね」と神父は笑われた。そして次のようなことを話された。

「私は農業の指導のために日本に来たのですから、村を去るのは本当につらいことでした。当時の司教様は、神父は労働してはだめだと考えたようです。転勤になった私は神父としていわば失業者になってしまいました。でも、そのまま大籠にいたら苦労が多くて早死にしたと思います。日本に来て二年目に大籠に行ったのですが、まだ日本語が不十分でした。それで知らず知らずのうちに方言が身についてしまって『堤』を『ちちみ』だと覚えていました。一関に行って説教したとき、ある信者に『神父様、方言が耳障りですからもう説教しないで下さい』と言われました。神父様の多くは、イエズス会経営の日本語学校に入るのですが、私は盛岡で一年過ごしただけで大籠に行きましたから、日本語の勉強面ではハンディがありました。

大籠ではどの家に行っても玄関払いにならず入ることが出来たのは、有り難いことでした。囲炉裏に当たって村人とおしゃべりするのも愉快でした。そんな時一番驚いたのは、村人が薪《まき》をどんどん燃やしていることでした。スイスでは一束の薪の熱を煉瓦に蓄えて一日保たせるのです。日本人は薪を倹約しないというのは大きな発見でした。

二戸に来た当時、私は一軒一軒尋ね歩いてキリスト教に関心のある家がないか探しました。しかし、一軒もないとわかった時、本当に悲しくなりました。」

もし神父が大籠におられたら、おそらく製鉄技術をもつキリシタンが栄えたようにカトリック畜産農家が大勢誕生したかもしれない。しかし過疎化の進む農村で畜産事業はなかなか困難でもあったに違いない。そう考えれば、一時的にはつらいことであっても異動されたのは神の恵みとも言える。

III
二戸に生きたスイス人神父

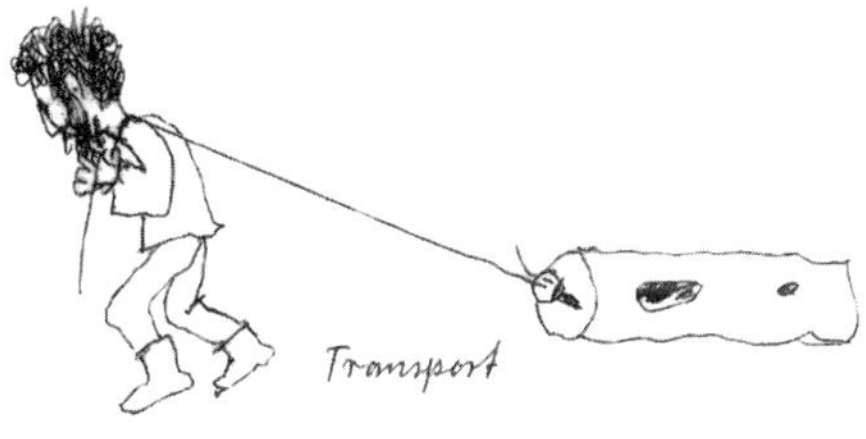

二戸市は豊かに樹木の生い茂る山間《やまあい》の街で、木の文化が根付いている。例えば、二戸市の漆の生産高は国内生産の六割を超え、漆の木の造林や手入れが進められている。二〇一七年度の育樹活動コンクールにおいて二戸市の浄安森林組合は林野庁長官賞に輝いている。有限会社プラム工芸では、オノオレカンバを素材として食器や家具などを制作、全国に販売している…。

シュトルム神父も二戸の山々から採れた木を生かして、天使や聖母マリア、キリストのご像、シャモジやヘラなどの食器、木づちなど様々な彫刻作品を造られた。特に一粒、一粒、長い時間をかけてお造りになったロザリオはどれほど多くの信徒に贈られたか知れない。

自然の恵みに生かされて生きている私たちは、シュトルム神父から自然を大切にする心を学びたいと思う。また、植樹の裏にある知恵・思想を学びたいと思う。

A シュトルム公園林

宮澤賢治の童話に『虔十《けんじゅう》公園林』という作品がある。虔十という少年は生前、少し足りないと思われ、皆に馬鹿にされていた。ところが、その虔十の唯一残した杉林が立派な公園林となって「十力《じゅうりき》の作用（仏の働き）」を説いて、人々に何が「本当の幸せ」であるかを教えている、という物語である。

虔十公園林は、その杉林の「黒い立派な緑、さわやかな匂、夏のすずしい風、月光色の芝生」などを通して、愚か者と見えた虔十が実は仏の使いであったことを人々に告げている。そこには仏の教え、知恵が永久に伝えられて欲しいという願いが託されているのであろう。

私はこの童話を読むとゲオルク・シュトルム神父の植樹―私流にいうなら「シュトルム公園林」のことを思わないわけにはいかない。

二〇〇〇年六月、当時の賢治学会の理事たち（私もその一人だった）は神父の思想や生き方が賢治の精神に通うと考えて、神父に「宮澤賢治イーハトーブ賞」の授与を決定した。選考にあたってはＩＢＣ岩手放送制作の「木を植える神父」のビデオが大きな役割を果たした。一同はこのビデオを見て深い感銘を覚えたようだった。しかし残念なことに神父は受賞を辞退された。

「宮澤賢治イーハトーブ賞」の授与は辞退されたが、「岩手日報文化賞」は素直に受賞された。

岩手日報紙には次のように受賞の記事を書いている。

「二戸の市民に感謝したい。第五五回岩手日報文化賞（社会部門）に輝いた二戸カトリック教会の神父、ゲオルク・シュトルムさん（八七歳）は受賞の喜びを二戸市民と分かち合った。本県に着任して半世紀、二戸に移り住んで四三年になるスイス出身の神父さん。二〇年以上にわたり種から苗木を育て同市内に植えた木々は五〇種類、二千本を超えた。環境破壊、自然との共存が叫ばれる時代、土に根ざした清貧な生きざまを身をもって示してきた」（二〇〇二年一一月四日）

岩手日報文化賞受賞の祝賀会には小原豊明二戸市長、神父と交流のあった二戸市の國香よう子さん、それに筆者も招かれた。作家の高橋克彦さんもこの時、同時に受賞されて、初めてお目にかかってお話を伺ったことも忘れがたい思い出である。

受賞のきっかけとなった植樹活動について少し記事を補足しておく。

神父が植樹したのは、折爪岳にブナ、高台にあるヘリポートや市営球場に通じる車道の斜面にエドヒガン桜、ベニ山桜、イチイ、マツ、エゾエノキ、イタヤカエデ、センノキ、ドイツトウヒなどの木々を、地質を調べ、バランスのとれた配置を考えて植樹した。こうした植樹について自ら、「私は大きなことをするのが好きでこれは私のレクリエーションです。野球好きの少年や市民が、この木陰で涼んでいる姿を想像するのが楽しい」と語っている。

神父は教会の畑を利用して種から苗木を育てて植林した。スイスから種を取り寄せたものもある。植えられた時、わずか一〇センチとか四〇センチ程であったという木々も、虔十公園林のように、今や豊かに茂り、涼しい木陰を作り心地よい風が小道を行く人々の心を洗ってくれる。

神父の植樹活動を知って感銘を受けた國香よう子さんを中心とする「Ｗａの会」（後述）の人々は、神父の行為に心打たれ、これを顕彰し名札を付けたり、草刈りをしたりして神父の植樹された木々を温かく守ってきた。亡き神父の志は今もなお、大切に受け継がれているのである。その表れの一つが「シュトルム神父植樹記念ロード」の碑の建立である。

二〇〇六年七月二四日、幾日か続いた梅雨もおさまり、青天のもと二戸市大平野球場に七〇人以上の人々が集まった。野球観戦のためではない。「シュトルム神父植樹記念ロード」の碑の除幕式に参加する人々である。参会者の中には神父の遺徳をしのんで、遠く広島や千葉、東京から駆けつけた方もおられた。

同じ月の一八日には神父の属するベトレヘム会の総長を含め、四人のスイス人神父がお見えになり、除幕式に紹介される予定の碑を見て、「Waの会」の方々の前でご挨拶があった。シュトルム神父の蒔《ま》かれた木々の命を市民が受け継ぎ、育てていかれることに対する感謝の言葉であった。

「シュトルム公園林」は多くの野球ファンが訪れる大平野球場の斜面に沿って広がっている。そこには「シュトルム神父植樹記念ロード」の碑も立っている。しかし、神父の植樹された木々はここに限らず、二戸市のさまざまな場所にそれと知られることもなくひそかに育っている。

コックの中野さんのお話によると、ある時、神父は小原二戸市長や青年たちと共に、折爪岳の山の家を過ぎて間もなくの道の左側に、ブナの木を植樹されたこともあるという。折爪岳と大平野球場が植樹の重要な場所であった。

神父は植物画の制作やこの植樹によって、二戸市が「自分の古里になった」と語っている。「植物の名前を知れば草や木が挨拶してくれるようになる。二戸に来て植物の研究が深まるにつれ、草や木が『こんにちは!』と挨拶するので楽しくなる。こうして自然と親しくなると寂しさがなくなる。二戸は自分の本当の古里になった」と。

私たちはシュトルム公園林の風に吹かれながら、宮沢賢治の『虔十公園林』を思い起こすと同時に、半生を一人、異国に生きた宣教師の生涯をしのびたいと思う。

B　神父と二戸市民

二戸市に、市民の絆を大切にしよう、そのために文化活動やボランティア活動に取り組もうという「Wａの会」というグループがある（残念なことに会員の高齢化のため平成二九年に解散となった）。シュトルム神父と二戸市民との交流という点で忘れられない存在である。四〇数年も二戸市に暮らしている割には、ともすれば「外国人」、しかも、「神父」という「何だかわけのわからない人」としてなじみにくかった神父の存在が、「たぐいまれな尊敬すべき人」として市民に知られ、評価されるようになったのは、この「Wａの会」（「Wａ」は平和の「和」、輪をつなぐの「輪」でふるさとの仲間づくりを目指すという意味だという）の人々の力によるところが大きい。

会では小原二戸市長の提唱する「二戸の宝を生かしたまちづくり」に共感し、古老を訪ねて祖先の知恵、文化を掘り起こし、継承しようという運動を行った。具体的には、ふるさとの古木を訪ねたり、ヒエやアワに代表される雑穀の文化を見直そうという運動を展開した。ふるさとの人物を掘り起こそうという運動も進められた。

その第一回で取り上げられたのは、平栗勝城さんだった。平栗さんは方言や郷土の歴史に明るく、校長会のまとめ役を務めた方だった。その平栗さんに続いて第二回で注目を浴びたのがシュトルム神父だった。

神父は自然を大切に守り育てている素晴らしい方だという國香さんの推薦の言葉があり、会員はこれまで訪れたことのない二戸カトリック教会を初めて訪問。神父の薪《まき》ストーブの質素な暮らしぶりに驚き、樹木や野草に詳しく、たった一人で二〇年余り、二千本もの植樹を続けておられるという話に感銘を受けた。その該博《がいはく》な知識、教養に圧倒され、堪能で豊かな日本語にも驚いた。

副会長の富田さんは画家で、神父が「美術集団北方」という市民の絵画愛好者の会に入っていたことから以前から神父と交流があった。神父がギターを弾いて歌を歌う声を聞いたこともあった。山羊のスープで作ったラーメンを教会でご馳走になったが、それが「おいしくなかった」ことも忘れがたい記憶として残っている。

事務局の南向さんは、神父が黒い古ぼけた、重そうな自転車をこいでいる姿を幾度も見て、どこの国の人かなと子供の頃から不思議に思っていた。同じ町に何十年と暮らしていながら一度も話したことのない神父の話を初めて聞いて、こういう方だったのかと驚いた。

教会で聞いた神父の植樹活動、その暮らしや人柄、思想は「Ｗａの会」の人々の心を打ち、それはやがて市民全体に広がっていった。二〇〇一年、二戸市制三〇周年の年、神父は「篤行者《とっこうしゃ》」として市から表彰を受けた。それは神父の存在が初めて広く市民に受け入れられたことでもあった。

なお「Waの会」では、シュトルム神父に関わる活動として次のようなことを行っていた。

1、シュトルム神父植樹記念ロードの清掃活動
2、植樹された森林の愛護（樹木名札の作成など）
3、シュトルム神父を市民の宝として伝承する活動
4、シュトルム神父、帰天一〇周年記念遺作展の開催
5、『植物画と語録』の発刊

神父が童話集『子山羊とフランシス』（岩手日報社）に続いて『幸せの種』（信山社）を出版した折、その出版記念会に、カトリックの信者以外にも神父の存在を知ってもらいたいと筆者は考えて、かつて福岡高校に勤務していた頃の二戸市在住の同僚、下斗米《しもとまい》敦子さんに、「神父を理解し、市民に紹介してもらえるような人を紹介してほしいんですが…」と頼んだ。下斗米先生は國香さんを紹介してくれた。そこで國香さんを祝賀会にお招きした。

出版祝賀会は和やかな雰囲気の中で行われ、神父は「私は童話を書いたり、作曲したり、絵を描いたり、いろいろなことをしているが、根本は宣教師です」と強調された。また余興として自作の『バイブルソングス』をギターの伴奏で歌われ、皆に感銘を与えた。

下斗米先生の紹介はきわめて適切なものだった。ともすれば宗教や民族・国家の違いが壁となって敬遠されがちな神父の存在は、國香さんの仲立ちによって身近な尊敬できる存

在へと変わっていった。國香さん自身、宗教の違いを越えて神父の生き方に深い感銘を覚え、足しげく教会に通うようになった。

神父と國香さんとの出会いは二年半ぐらい経って、エッセイ集『青い眼に映った茅葺《かやぶき》の詩情』の出版として結実した。それは神父の描かれたかやぶき屋根の民家や植物画に國香さんの書かれた文章を添えた、美しい立派な画文集であった。

神父は消えつつあるかやぶき屋根の民家に愛着をもち、的確、精密なスケッチ集を完成させ、盛岡の四ツ家教会で展示発表会をして話題になったこともある。また二戸の植物に深い関心と知識をもち、多数の二戸の植物水彩画集を制作していた。それらを國香さんに寄贈したいと申し出た。

二〇〇一年二月、八六歳の誕生日を前に作品の整理を思い立ち、いろいろ考えたが…と前置きして國香さんに次のように語った。

「私はスイス人ではあるが二戸の市民としてここに骨を埋める覚悟を決めました。あなたの出版した『縄文土風』を読み、心に感じたことがあります。それはあなたが先祖の遺した文物の価値を認め、有効に生かしたことです。それには息子さんも写真で協力しています。これはあなたの家の素晴らしい家風だと思い、私の画集をあなたに任せたいと思うのです。同じ神父の仲間二人にも相談しましたが、結論は同じでした。どうぞあなたの好きなようにしてください」

國香さんは突然の身に余る神父の言葉に返事に窮したが、「天の声」のようにも感じられて神父の志を快く引き受けたという。（『青い眼に映った茅葺の詩情』より）

その後、國香さんは神父から寄贈された二戸のかやぶき屋根の民家の画集、二戸の植物画集をどうすべきか考えた。仲間にも相談して、二戸市に寄贈し二戸市の市民に見てもらいたい、二戸市を訪れる方にも見てもらおう、二戸市の文化財としようということになった。市ではこれを大切に保存すると共に、展示会を開いて市民に鑑賞してもらっている。寄贈された水彩画は一七六二点、うち約千点が植物画である。

二戸市で紹介された遺作展示会を見た作家の斎藤純さんは、「これは二戸の財産であると同時に、岩手の、そして日本の財産だと思う。ぜひ、県内各地での巡回展を実現して欲しい」（二〇〇六年八月五日、朝日新聞）と書いている。筆者もそれを望むものである。

C 植樹の思想

神父が長い間、黙々と植樹活動に励んだその裏には、生涯の半分近くを生きた二戸市（そこに住む人や自然）に対する愛情があり、環境問題を考える哲学がある。

ただ、植樹された木々や記念碑は直接にはそれを伝えているわけでない。神父の言葉に耳を傾ける必要がある。幸いなことに筆者は神父の言葉を聞き捨てるのは惜しいと思って書き留めておいた「語録」がある。シュトルム神父の植樹の思想を伝えるべくタイトルを付けて以下に書き記してみたい。

神の御業《みわざ》

私は環境保護の運動家だと思われているようですが、しかしそれは違います。私のやっていることは、創造主の御業を輝かせるためです。なかなかそれが分かってもらえません。

自然との共存

人間は動物や植物と共存できるはずなのにそれらの命を奪い、自然を破壊しています。これは罪です。現代の科学や技術によって、むしろ自然との共存が可能なはずです。しかし、人間には神のような寛大さがなく、欲望によって自然を破壊しているのです。山の木でも人間が必要と判断する時は、その木を倒す権利があります。しかし、必要なければ倒すべきではありません。

植物たちの避難所

私は荒れた山を見ると心が痛みます。人間は動物や植物たちと共存できるのに、自然を破壊しています。これは罪です。私は植樹によって、失われゆく木々や山野草たちの避難所を作りたいと思います。

トチノキ、シナノキ

人はトチの花の蜜を取ろうと思って花を求めています。しかし、トチの木は伐採されて少なくなっています。トチの実も少なくなり、それを餌とする熊も減っています。私は野球場の斜面に四〇本のトチの木を植えました。

シナノキは花が咲くとたくさんの虫が集まります。私は何度も種を蒔きましたが芽が出ませんでした。

ドイツトウヒ、スギ

種から苗を育てて植林をしていますが、秋には木の種をまくのに忙しい。種は採集します。ドイツトウヒは高いところに実がなるので、梯子《はしご》をかけて、棒にカギをつけて五個くらい落として種を採取しました。

スギには二種類あります。一つは葉が荒くてやたらに伸び、トゲトゲで葉が横に出ているもの、もう一つは秋田杉のように葉が細かく枝についているものです。一般に、雪があまり付かないので秋田杉が多く植えられています。しかし、私は雪の多いところと少ないところで、植える種類を分けています。ドイツトウヒもそうしており、スイスから送られたものでも芽が早く出るものと遅く出るものとあるので、それを植え分けています。

スイスの山

スイスでは自分の山でもさまざまな制限があります。水や風景は個人のものでもありますが、皆のものでもあります。自分の山だからと言って、勝手に伐採できません。営林署に届け出て専門家が調査して許可されたものだけが伐採されます。個人の山でもこうした厳しい管理のもとにあり、森林は総面積の三五パーセント以下にならないように調整され、もし伐採すると他の場所に植樹しなくてはなりません。

風景を楽しむ

風景を楽しむためには皆、同じものばかりでは面白みがありません。私は堀野（二戸市の地名）野球場の方を眺めて、成長した木々を思い描いていますが、スギの中に桜の花が咲いているのは、桜の美しさを引き立ててくれます。

電線、自動販売機

スイスの電線は皆、地下を走っています。地上の電線がどれだけ景観を遮《さえぎ》っているか、それは地上の電線が無くなって初めてわかります。日本では畑の中に広告があったり、自動販売機が置かれたりしていますが、スイスにはそうしたものはありません。

ボランティア

私はボランティアとして木を植えていますから、それによって受賞しても特別うれしいとは思いません。報いを期待したらボランティアではありません。

百年後を考える

私は百年後の自分の植えた木々がどうなるか見たいと思います。百年たつと、風景は一変します。百年後の姿を思い描くと楽しいです。

太陽エネルギー

ガソリンが安いうちは、太陽エネルギーの研究はなかなか進みません。ただの趣味のように思われるからです。スピードは落ちるかもしれませんが、個人の乗用車は太陽エネルギーで動かす時代が来なくてはならないと思います。

発電と冷蔵庫

神学校で暮らした時、神学校で使う電気は池にたまった水を利用して作りました。冬になるとその水で氷を作り、それを砕いて地下室に入れて冷蔵庫にしました。

自然保護、自然と人間の調和

オゾン層が破壊され、皮膚ガンが増え、作物にも影響が出ています。アダムとエバの最初の罪の結果、死がもたらされました。人類は神に逆らい、自然に対して罪を犯しています。動物が絶滅するのは、人間の欲望、儲《もう》けたいという欲望のためです。動物は食物として必要なものしか取りません。しかし人間はそうでありません。

南アフリカやアメリカの原住民は自然保護を考えていました。必要以上に取らない、環境に害を加えない、ということです。それは自然に従うということです。長い経験によって彼らは自然に従い、自然を守ることを大切にしていたのです。

スコットランドの民話を読みました。それは植物の霊から啓示があって素晴らしい畑が出来た、というものでした。自然の法則に従い、植物の要求に応じて素晴らしい収穫をあげる。それは人間と自然の調和を教えています。日本の神道も、どの木にも神が宿るという考えが流れていますが、それに似ています。

植物の霊は天使です。すべて見えるものの裏に霊の働きがあります。霊の働きによって、形が現れる。植物を愛する心で取り扱うと、それによって植物が良く成長します。しかし、物質主義はそれを認めません。

植物の聖別

私は野球場に植えた木を聖別して、地方の霊に頼みました。二戸市で植林した木は多くのものが枯れてしまいました。木に害を加えているのは虫ではなくて人間です。だからパラダイスにならないのです。どんなに立派にやっても強盗が来て壊してしまいます。この世には悪があり、それを取り除くのは楽ではありません。

スイスでは神父を頼んで植物を聖別します。天使たちの協力を求め、悪霊を退治するのです。これは原住民のやり方、神道のやり方とも通じています。プロテスタントは、これを迷信としました。ルターは信仰だけを強調しました。しかし、逆に理性だけになってしまいました。聖別を、プロテスタントは迷信だと言いました。しかしカトリックの信仰では、すべての自然の中に神の霊の働きを信じています。

地中のもの

地中から自然に湧きだす水は別として、人間が地から掘り出すものはすべて有毒なものです。それは地球を汚染する原因となっています。それに加えて、石油の採掘は地中に大きな穴を開けるのですから、大地震の時、地盤が落下し、中近東は崩壊するかも知れません。石炭の採掘でも落盤事故があったのですから、考えられないことではないと思います。

環境問題

聖務日課の中で、地球の環境に害を与えないように節制するということを唱えています。それは環境問題の叫ばれていなかった中世においてすでに現在を予言しているようです。ヨーロッパではオゾン層の破壊が深刻で、強烈な紫外線のために植物の成長に害が出ているといいます。地球の温暖化は飛行機や車などスピードを求める文明の産物です。究極のエネルギー源は太陽エネルギーの活用であり、これを利用することが必要だと思います。

移植

私は種から木を育てていますが移植するのは、三年目が良いです。大きくなってから移植すると根つきが良くありません。水を吸うのは細い根で、それが移植の時に切られてしまうからです。

移植の時は、根が四方に同じように伸びていけるように気を付けないとマツの木など、自分で自由に根を伸ばしていけないので曲がって育ちます。スギは根を自由に伸ばして調整することが出来ます。

林業

木を伐採すると二次林が発生します。二次林は日光を好み、どんどん成長します。しかし、早く伸びる木が良い木だというわけではありません。二次林は安っぽい木ですが、それによって土も改良されます。二次林の陰で木材が育ちます。日本で二次林に戻すのは大きな損害になります。ですから林の中で二次林を育てるのが良いと思います。

スイスでは木材の伐採は許可なしにはできません。損害が大きすぎるからです。自然に出たものを間伐しているのです。

日本では古いスギ林に蔓《つる》植物は生えません。ですからその陰に木を育てれば蔓植物の悩みが無くなります。間伐するのが合理的です。

私が勧めているのはスギを育てる時、その間にマツなどを植えることです。スギは大きく、広くなります。スギはやがて間伐しなくてはなりません。その間に雑木を植えればそれは間伐になります。植える時、トラックなども通れるようになります。

今日本では全面伐採しています。現在の合理的な全面伐採は人間の頭で考えたやり方で、長い目で見れば合理的ではありません。木を伐採すれば水が流出して洪水になります。だからダムを作ります。

しかし、伐採しなければ水は平均して流れます。ブナ林から流れる水は平均して流れるので、台風の後でも水が濁らないくらいです。

伐採による合理化は、安上がりのように見えて、後でダムを造る等、結局損になります。

私は伝統的な伐採によって植林している青年を知っていますが、スイス風で、彼は炭焼きもやっています。

林業

イギリスは今、熱心に植林をして国土の三分の一を森林に戻そうとしています。アメリカやヨーロッパでは熱帯雨林を守ろうとしていますが、不足しています。

地球の破壊は白人から始まりました。地球の汚染やオゾン層の破壊など、アメリカ人、白人の罪です。日本も木材の輸入国でたくさんの材木を輸入しています。しかし、日本の国土の七〇パーセントは森林ですから輸出できるくらいの国です。日本の山で間に合うくらいの木材が採れないのはまずいと思います。日本の木材の生産高は、ギリシャやイタリア並みです。これらの国は土壌が悪く、雨量が少ないです。日本はドイツ、フランス、スカンジナビアくらいの木材生産が可能なのに、生産高は信じられないくらい低くなっています。

スイスでは人々が森林を管理して育てています。チューリヒにはシール川に沿って森林があります。今、その広い地域の森林を原始林に戻そうとしています。

折爪岳は風が強くて良い木材がとれませんから、放っておいて原始林にすればよいと思います。折爪岳に前あった木を伐採して、松を植えました。しかしハイマツのようになり、藪《やぶ》になってしまいました。藪はヤナギの木になりましたが、これは土壌を作ります。ヤナギは五〇年経てば枯れます。その時、ブナのような広葉樹になるに違いありません。しかし、時間がかかりすぎます。酸性が強くて木に良くないので、成長は遅く山の木は炭焼きにしか出来ないほどです。

品種改良

大豆は一番、背の高いものから種を取って良い品種を育てていきます。サクランボは良い実のなるものを選別していって、良い苗木を作っていきました。

六原にいた時、スギを挿し木で育てているのを見ましたが、種で育てたものより劣っていました。一般に、針葉樹は挿し木で育てるのが難しい。細胞を育てる液体が出来れば、クローンを作ることは出来ます。しかし、クローンは必要ありません。オスとメスの関係で出来たものは遺伝情報が豊富です。クローンから出来たものは、遺伝情報が乏しく、丈夫なものになるかどうか、不安があります。新しい病気が現れる可能性もあります。研究のためであってもクローンを作るのは危険です。赤信号を渡ってはなりません。

折爪岳の植林

二戸市では折爪岳で六月の山開きに合わせてブナを植林しました。しかしそれでは遅すぎます。四〇〇本植えて、一〇本くらいしか育ちませんでした。芽が出ている時、植林するとそれが枯れて、新しく出て来るのに時間がかかります。

また、ブナを植えた後、刈り払いするのでカモシカに葉を食われてしまいます。カモシカは、本当はブナをあまり好きでなく、ササなどがあれば一番良いのですが、刈りはらわれて食うものがないので、ブナを食うことになります。

酪農

日本では牧草地を作るのに、一、二種類の草しか蒔きません。しかし、数種類が必要です。スイスではこの点、良く研究されており、土の種類や海抜などによって、草の種類を分けています。

一平方メートルにどの位の株があるかで収穫量が分かります。土が露出しているとダイオーが生えます。ダイオーは栄養価の無いもので、叔母はその種を取ってこぼさないようにしていました。牧草は乾きやすいのですが、雑草は乾きにくい。

日本では牛や馬は専ら、農耕のために飼っていました。牛は朝鮮牛で、数も少なかったのです。牧草地も日本の景観となっていますが、大部分は戦後になって出来たものです。日本人は牧草についての知識が不足しており、山羊や牛のために草を茹《ゆ》でて食べさせるというばかばかしいことまでやっていました。

日本の農具

日本の農具は作りが下手です。特に畑で使う刃物や鉄を柄に取りつけるのが下手で、濡れたり、乾いたりするとガタガタになりました（今は西洋風に改良されていますが）。私は開墾するために能率的に出来るようにと鍛冶屋に頼みました。

日本の農具は柄が短く梃子《てこ》を利用しません。鍬《くわ》は良い道具ですが、背中を曲げなくてはならず、背中が痛くなるのが欠点です。

ヨーロッパでは馬、牛に引っ張らせる鋤《すき》が中心でした。牧草地が多いので、簡単な鋤では土地を掘り起こすことが出来ず、鋤が発達しました。日本では田が中心で、畑は女の仕事でした。そして家畜を使わず、手で仕事をしました。

日本では農作業に背中を曲げる仕事が多い。そのため、背中を痛めることが多く、年寄りが背中を曲げている姿が良く見られます。これは若い時の農作業のためで、スイスでは見られません。

草刈り

日本人は清潔好きでせっかく刈った草もどこかへ持っていきますが、刈った草は肥料として大変良いものです。木の根の周りに置けば土の乾燥を防ぐことも出来るし、肥料として長持ちします。草は土の上に置くだけで良い。少しくらいの土ならかけても良いですが、土の中に深く入れると空気に触れないので、腐敗せず駄目です。

針葉樹の文化

日本はスギ、マツ、カラマツなど針葉樹の文化の国でナラのような広葉樹は大切に育てていません。スイスではナラの木で家を作ります。中国では泥で家を作るので木はそれほど必要でありません。しかし、屋根のためにしっかりした木が必要なので、共産党は植林を勧め、木一本でも盗むと死刑にされました。

ナラは固く虫が入りやすい。ですからナラは芯材しか使えません。広葉樹で日本で使っているのは、クリくらいのものです。広葉樹は炭や薪《まき》にするのにつかわれるため太いものがなく、建築材料になりません。ナラは千年以上生き、その直径は一メートル以上にもなります。しかし、炭やホダキに利用されるため、伐《き》られてしまいます。

スギやマツは日本の文化に深い関係があります。しかし、食べ物として利用できるものは広葉樹と関係があります。私は日本に来た頃、冬に囲炉裏にくべる薪の量の多さに驚きました。日本では一束で二時間くらいの薪をスイスでは一晩も使います。それは信じられないほどでした。これは日本でどんなに薪が豊富であるか示しています。同時に半面、薪を大切にしていません。

昔の大工たちの木材に関する知識はすばらしいものがありました。農民も一般に木材についてよく知っておりその木に応じた使い方をしていました。現在売られている鎌の柄など、工場で作られたもので、それに比べるとあまり良いものではありません。スコップの柄も握っていると熱くなって、タコもできます。昔の職人たちは、それをよく知っていました。馬車でもソリでも特定の木材で作りました。ヨーロッパの大工は、建築大工とか家具の大工、車や柄を作る大工などと皆、分かれていました。日本では皆、大工の仕事でしたから、その分、徹底していました。

私は山で樵《きこり》から木材について習いました。今、そのような樵はいません。プラスチックや外国からのベニヤなどに押されて、木材についての文化は落ちてしまいました。日本は石の文化ではなく、木の文化の国だったのに。

生活が分業化して工場で作ったものばかりになっています。昔は、繊維を作るのも農家の仕事で、麻布を作るために麻畑もあったし、蚕を育てるために桑畑もありました。

コラム

シュトルム公園林を訪ねて（『幸せの種』より）

二戸教会で御ミサに与《あずか》る人は七、八人程度で、恐らく日本一小さな教会と言っても良いかもしれない。その分、信者たちは神父と親しく語り合えるのは、数十人、数百人もの信徒を抱える教会の人からみたら贅沢な話である。御ミサを終えた後、お茶やお菓子（信者の持ち寄り。時に、教会で手作りのパンやジュースなども）を頂きながら神父のお話を伺うのが、いつもの習慣である。

その日、神父の御案内で二戸市営球場に出かけることになった。神父の植林された木々を見学しようというのである。神父の他に、芝刈さん、大林さん、阿部さんそれに運転手の私ということで、いつも一人、二人しか乗っていない車はハンドルも重い。二戸市は山懐に抱かれた坂の多い町である。市営球場は教会の裏の小高い山の頂上にある。曲がりくねった坂道を車は低いエンジン音をたてて上って

御ミサを終えて信徒たちと談笑する神父

いく。道端にはニセアカシアの白い花房が豊かに垂れている。球場まで約十分、丘をならして球場にした名残のように、球場の脇は傾斜地になっている。そこが何本も植林されたところである。神父自ら、教育委員会に出向いて植林の許可を得てのことだった。

今年八三歳になる神父は至ってお元気で、斜面など苦にもされず平気で上っていかれる。すでにおおかたの木は二、三メートルにも伸びて若葉を風になびかせている。神父はそれらの木々を指差しながらその名前や特徴などすらすらと教えて下さる。センノキ、プラタナスカエデ、イタヤカエデ（大木になるそうである）、エドヒガンザクラ、オオヤマザクラ（葉が大きくてピンクになるのが特徴だという）トチノキ、ブナ、スイスの高山松まで植えられている。日本では七百メートル以上の高山には針葉樹は自然には育たないのでスイスから種を取り寄せて他の場所に二〇本植えたところ全部盗まれて、残った一本をここに植えたのだと言われる。

ほとんどの木は教会で種から育てた苗を移植したものだが、岩場になっているところにはマツを種のまま植えられたという。すこし行くと、あたまを切られたドイツトウヒがある。それを見て神父は「大きくなっても邪魔になるわけでないのに、どうしてこんなひどいことをするのか理解できない」と言われる。

スイスは森の国である。ヨーロッパには豊かな森がある。神父の植林事業の背景にはヨーロッパ人としての感覚があるように思われる。それが信仰心と結びついている。

「私は大きいことをするのが好きです。少しずつでも毎年やっていれば、大きなことになる。神様のやることは大きい。私はこの植林の仕事をして、報酬を得ようとか、人に認められようと言うのではありません。根本として植林は私にとって、ボランティア活動です。」

神父はそう言われる。

市営球場の植林した木々を見た後、車でその少し下にあるヘリポートまで行く。イタチハギが土止めに（これも神父から伺った話である）植えられている。ニセアカシアの花がここでも満開である。放って置くとどこにもニセアカシアが「はびこる」。だからドイツトウヒを守り育てるためにニセアカシアの木の皮をはいで殺すという。

木を殺すというのは自然を破壊することだ。そう考える人もいるかもしれない。しかし、木も又、人間の管理下において、その知恵と愛情のもとで豊かに成長するのである。それは、家畜や動物と同じである。日本人の中には自然を尊重する事は、人が全く手をつけないことだという無責任な考えがあるように思われる。神父はニセアカシアの間にイチイを植えられた。ニセアカシアの寿命は二〇年、イチイの寿命は八〇年、ニセアカシアが枯れた後、ここはイチイの林になるのだという。ヘリポート付近の土は粘土のやせ土である。神父はそこにカラマツ、ハンノキを植えられた。木々は三メートルにもなり、腐葉土ができ、かつてあの粘土のやせ土だったとは思われない位の林になっている。ハンノキは窒素を集めるので土を肥えさせ、他の木を周囲に育てるのだという。

「粘土のむき出しになった貧弱な土地がどうなるか。ここは私の試験場です。」神父はそう言って笑われる。

「私は自分の好きな木を植えるのではなく、土の求めている木を植えます。日本にも植林の知識を持っている人はたくさんいます。しかし、素人は植林など簡単なことだと思って自己流にやっています。私は専門家に聞いてからやっています。針葉樹の葉は肥料にならないので土がやせます。しかし、モミの木の間にブナを植えればモミが枯れた後、ブナ林になります。林業の上手なやり方は、自然に交替させることです。」

「神秘家」（カトリックは神秘なるものに対する感覚の深い宗教である）である神父がこうした現実的、合理的な科学的精神の持ち主でもあることは興味深い。こんなところにもカトリックの教えの深さがある。

約二〇年にも渡って、人知れず植林を続けてその数二千本、実はこれは大事業ではないだろうか。二、三メートルにも伸び、植林事業はもはや半ば成功したと言ってもいいと思うが、これから先、将来野球好きの二戸市民が球場に足を運んだとき、その涼しい木々を心から喜ぶに違いない。

私はこれを密かに「シュトルム公園林」と名付けている。（平成一〇年五月二四日）

シュトルム神父公園林にて（中央が神父）

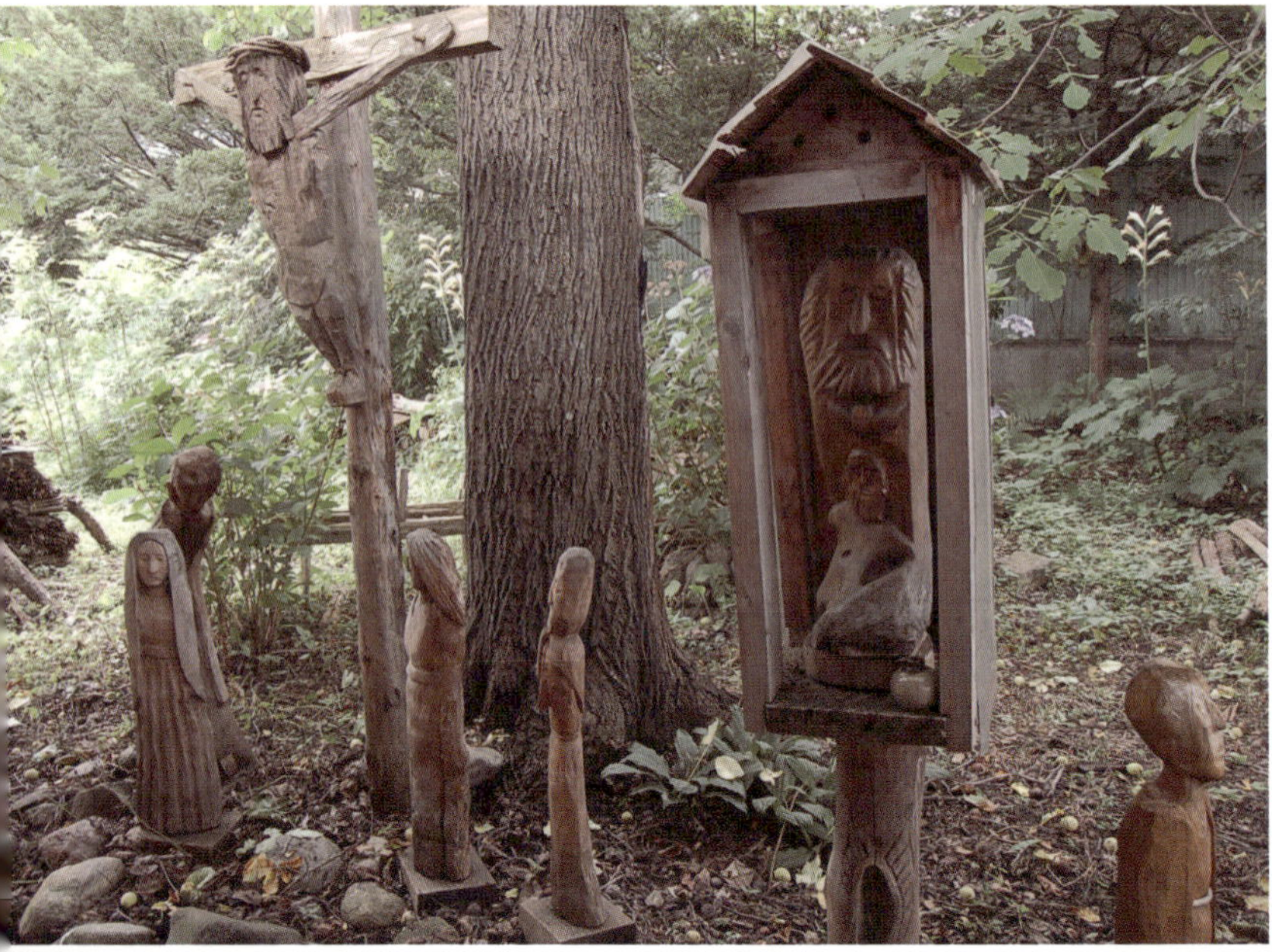

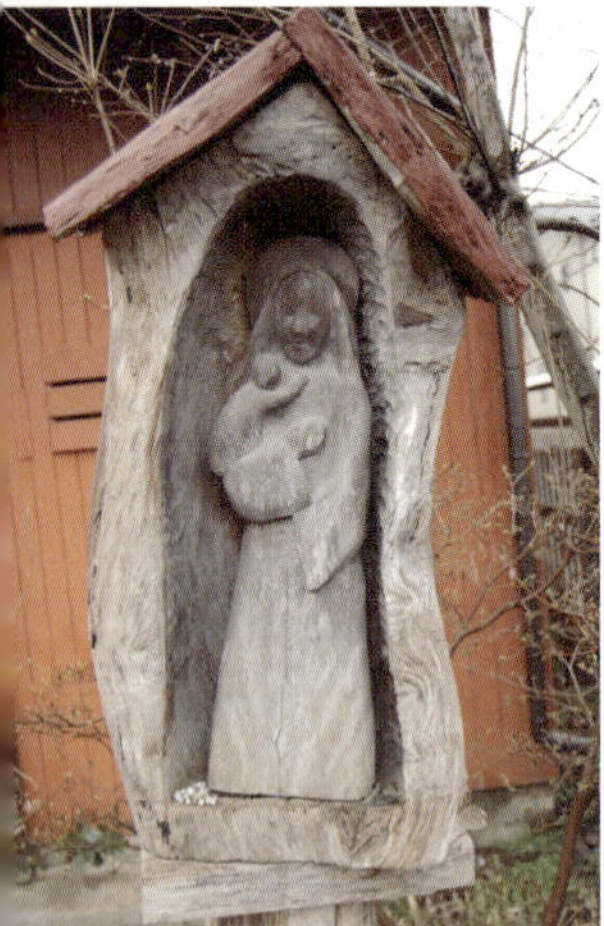

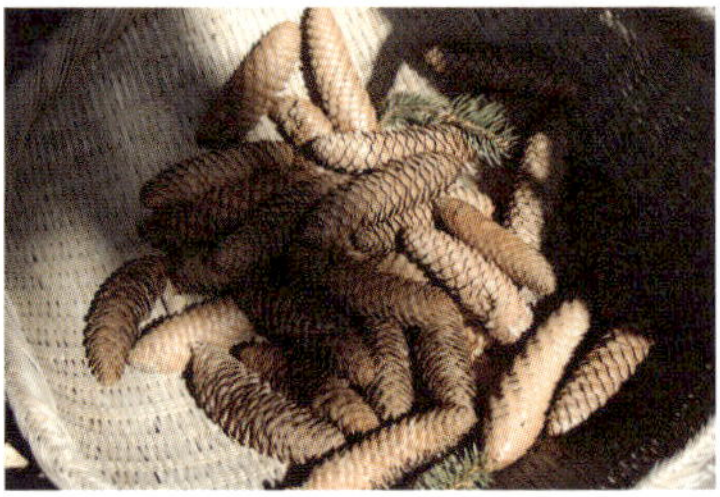

「彫刻家」シュトルム神父の作品たち

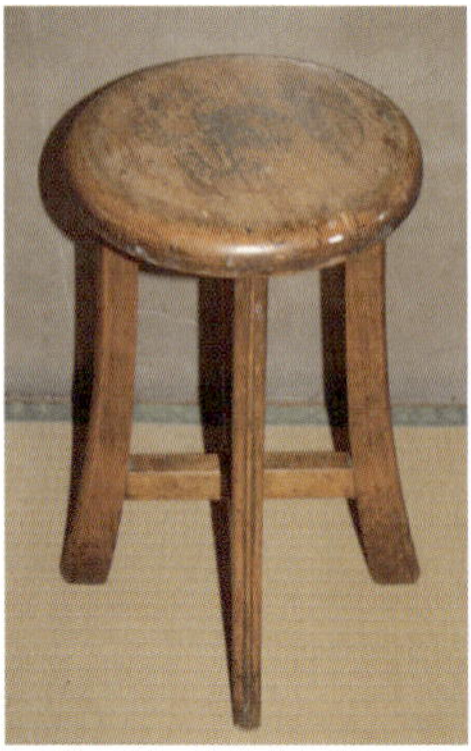

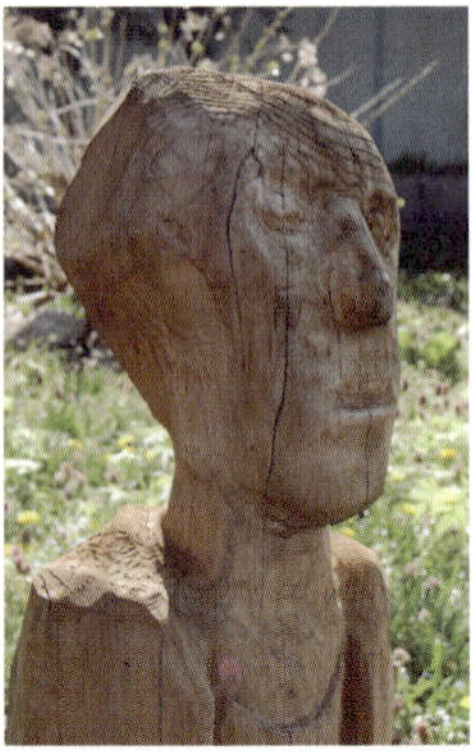

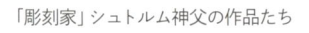

薪ストーブが燃えロザリオが垂れているお御堂。ギターも見える。

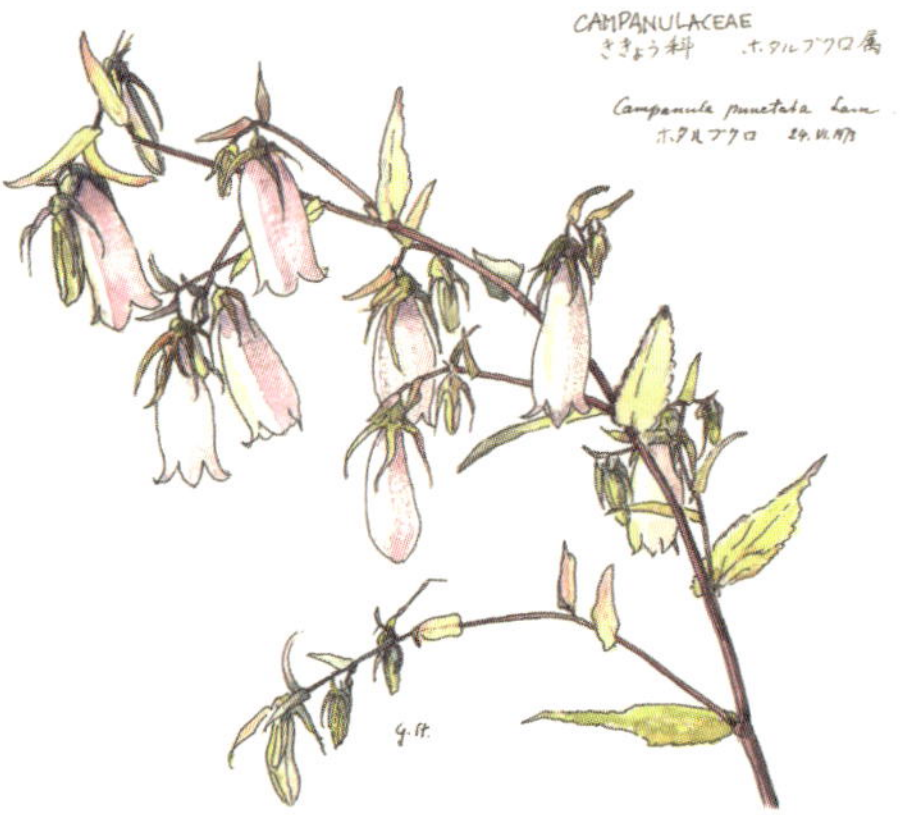

二戸の植物図譜より

古びたフォーク

教会の中庭ー植樹のための種をまき育てる

手作りのライ麦パン

教会の中庭ー植物の避難所

Ⅳ

ジョルジュお爺さんと共に

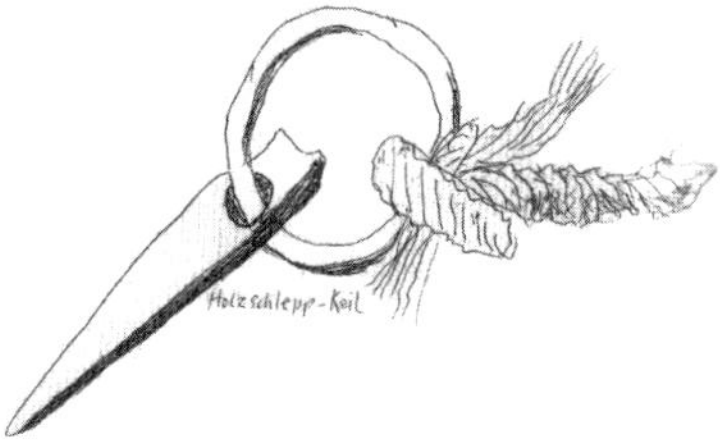

『ジョルジュお爺さんと共に』は、二戸カトリック教会でシュトルム神父に仕えていた中野トシエさんが書いた作品で、画も本人が描かれたものである。内容はジョルジュお爺さんと、とし子さんの、野草や山羊、ガチョウなど二戸教会を取り巻く動植物との温かい交流を描いた生活記録的な作品である。中野さんは二五歳の時から四〇年間、シュトルム神父のコックとして仕え生活を共にした。「門前の小僧、習わぬ経を読む」という川柳もあるが、そばに長く暮らしていると、いつの間にかその影響、感化を受ける。

「ジョルジュ」は「ゲオルク」のフランス語読み、「とし子さん」はもちろんトシエさん。作品の完成にあたっては筆者も協力した。中野さんも神父の感化を受けて、野草や山羊、ガチョウなどの動植物に深く親しみ、それをこうした童話風の作品にした。二戸の人と自然を愛した神父の生活の記録として広く紹介する中野さんと筆者のことを、神父は天国で笑って許して下さると思う。

その一　高井戸ヶ原

二戸市の折爪岳に登る途中に高井戸ヶ原というところがあります。
高井戸ヶ原には古い神社があって、日照り続きで水不足になると、雨乞いのためのお祭りが行われたものです。今、そのお宮はカラマツの落ち葉に埋もれるように半ば壊れて建っています。お宮の中をのぞいて見ると、壁板は剥《は》がされたままです。寒さをしのぐために焚火《たきび》にでも使われたのでしょうか…

ある日、知人の結婚式から帰ったジョルジュお爺さんがとし子さんを誘いました。
「高井戸ヶ原に結婚記念の木を植えます。結婚した二人と一緒にドイツトウヒを植えるんです。一緒に行きませんか」と。とし子さんはもちろん、大賛成。

その日が来ました。新婚の二人にジョルジュお爺さん、それにとし子さんの四人で結婚記念樹のドイツトウヒの

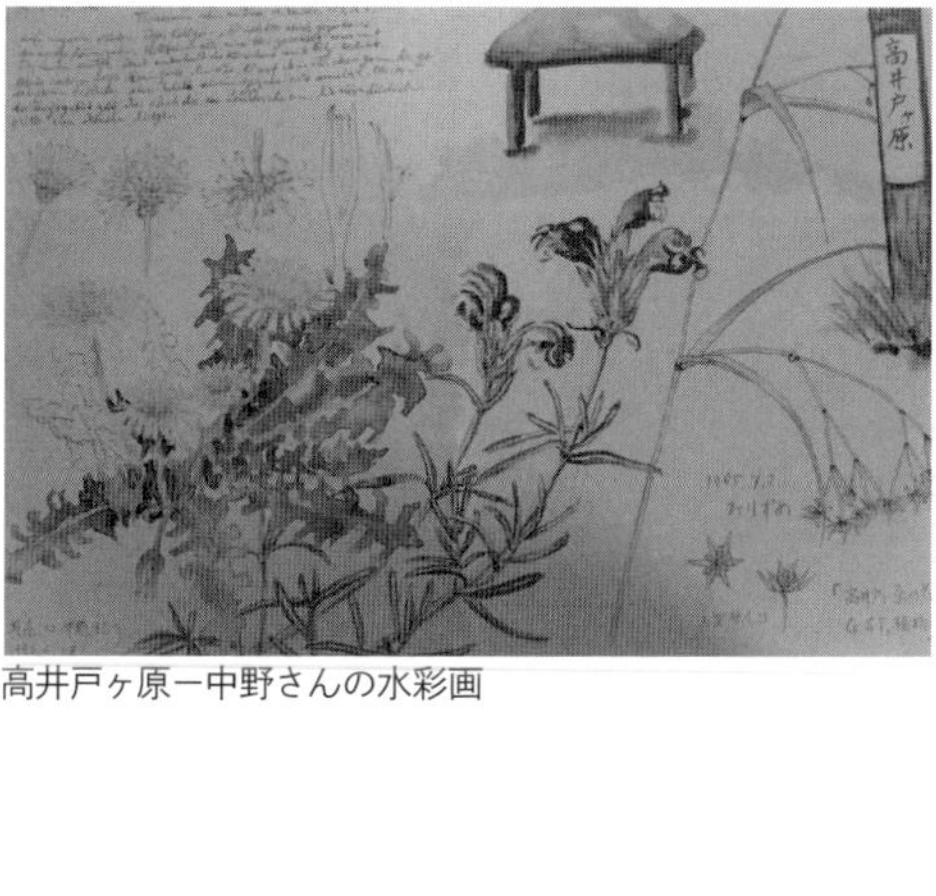

高井戸ヶ原―中野さんの水彩画

植林です。

ジョルジュお爺さんの木の植え方は、根の形をよく見て、苗の時の深さまで計って穴を掘るのです。穴の真ん中に小さい山を作って根を広げるのを見ていると、とし子さんにもジョルジュお爺さんが根の役割と木の姿勢をよく考えているのが分かります。


結婚記念樹を植えたことがきっかけとなり、ジョルジュお爺さんとし子さんは度々、高井戸ヶ原を訪れるようになりました。

ところがある時、記念樹のドイツトウヒは根こそぎ無くなって、ただ空っぽの穴が開いているばかりでした。二人はがっかりしました。庭木にしようとして誰かが掘って、持って行ったのでしょうか。

折爪に登る乗用車は丁度、中間にある高井戸ヶ原で車を休め、エンジンを冷やしていました。登山ブームの始まりで、東屋《あずまや》も出来、ベンチでお握りを食べている人も良く見かけました。記念樹を持ち去ったのは、そうした登山者の一人とも思われました。

ジョルジョお爺さんと、とし子さんにとって高井戸ヶ原は何よりも、ムシャリンドウの唯一の自生地でした。ムシャリンドウの花は青く、葉は針型、高さは三〇センチ前後で、駐車場だった所と斜面の境のあたりに咲いていました。

しかし、登山のため駐車場が拡大して、野草も下敷きになってしまいました。モトクロスを楽しむ人もいるらしく、轍《わだち》の跡が土をえぐっていました。

それを見て、ジョルジュお爺さんは「ムシャリンドウの種を大事に取っておけば良かった」と言いました。実は、ジョルジュお爺さんは、「植物たちの避難所」を作ろうと、教会の庭を利用して野草を種から育てたりもしていたのです。それはともあれ、楽しみのピクニックはこうして悔しい思いで終わったこともありました。

ジョルジュお爺さんは、この地方の植物写真家と知り合いになり、お互いに情報を提供しあって野草のことを研究していました。二人で、折爪の、あの沢、この道と、珍しい野草を求めて歩いていました。そんな時は、とし子さんも一緒に付いて行きました。

高井戸ヶ原にはウスギタンポポもありました。朽ち果てた東屋の下の方、白樺林の高く伸びているところに、それを見つけました。色あせたつまらない花とばかり思っていた野草が図鑑で調べてみると、ウスギタンポポという名前の他に、セイヨウタンポポ、エゾタンポポ、カンサイタンポポ、シロバナタンポポなどという名前があるのを発見してとし子さんは嬉しくなりました。そのウスギタンポポも近頃では、めったに目にすることがなくなりました。

ウスギタンポポと同じように近頃、あまり見かけなくなったのが、スズサイコです。スズサイコは弱々しく、周りの草に寄り掛かるようにして細く伸びていて、目に付きにくいものですが、蔓性のガガイモの仲間です。

ウスギタンポポやスズサイコはどこに消えたのでしょうか。


ジョルジュお爺さんととし子さんは、山へ出かける時、自転車で行くのが常です。高井戸の下、急な坂道のカーブ手前の、大きな杉の木に自転車を寄せかけて、それから野草を訪ねて歩くのです。

高原の花は平地で栽培するのは難しいものです。野草を育てると言っても、それぞれの野草ごとに好みの気温や雨量があり、それぞれ異なる生育条件があって、腐葉土、日光の量、風などに影響されつつ、けなげにも花咲き実を付けるのです。野草はその土地が生み育てた宝と言ってよいかもしれません。

環境が破壊されると、人間なら逃げることも出来るのに、野草たちは全く無抵抗で、声をあげることさえしません。いじらしいと思います。それも野草の愛される理由の一つでしょうか…

花の季節。ジョルジュお爺さんの一つの夢は、あの一帯を草の根を分けるようにくまなく探し歩いたら、一本のムシャリンドウ、一本のスズサイコに会えるかもしれない、ということです。

とし子さんもジョルジュお爺さんの影響を受けて、親しい忘れがたい花たちの「肖像」を描くようになりました。図鑑を見るのも楽しみになりました。

ちなみに『牧野植物図鑑』によりますと、ムシャリンドウの名は、滋賀県の「武佐」で最初に発見されたことから名づけられた、と書かれています。また、タンポポの名は「タンポ穂」の意味で、球形の果実穂を「タンポ」に見立てたものだとか…

ジョルジュお爺さんと、とし子さんの野草を巡るお話、今日はこれでおしまい。

その二 子山羊たちの春

「山羊の鈴明るく響く教会に　愛を説かれて五十年《いそとせ》を経し」

二戸カトリック教会に通うある人がジョルジュお爺さんのことを、そんな歌にして詠みました。「五十年」は少し誇張で実際には四十年余りじゃないの、なんて野暮なことは言わないで下さいね。

この歌でいうように二戸カトリック教会では山羊を飼っていました。カトリック教会の数は多いとはいえ、山羊を飼っている教会というのは、珍しく、恐らくどこにもないだろうと思います。いえ、いえ、山羊だけではありません。教会では鶏はもちろん、ガチョウや七面鳥も飼っていたことがあります。猫四匹を飼ったこともあります。臨時のお客さんですが、ツバメやキセキレイ、シジュウカラなども御世話してあげたこともあります。

古ぼけた日本家屋の教会の階段を上がるとジョルジュお爺さんの寝室で、その下が山羊小屋になっています。寝室には、山羊たちの鳴き声はもちろん、ごそごそと動く音まで聞こえてきたことでしょう。山羊小屋の隣は台所です。台所と言っても、井戸水をくみ上げる水道と流しがあるだけで、普通、どこの家にもある冷蔵庫はありません。奥の方には、石油ストーブと炬燵《こたつ》が置かれた、少し暗い、八畳くらいの板敷きの間です。

教会の裏には、庭に続いて奥の方に緑の草地が広がっています。山羊たちの「牧場」といっても良いでしょう。「牧場」には大きな柿の木があって、秋になると、左右に枝を広

子山羊たちの春―中野さんの水彩画

げた木には、あふれるほどの黄色い柿の実が実ります。それを毎年、軒先につるして干し柿にして食べるのが、ジョルジュお爺さんととし子さんの楽しみです。

庭ではキャベツなどの野菜も育てられています。スグリの木もあり、その実で美味しいジュースを作ってお客さんに提供します。教会を覆うようにして大きなクルミの木が立ち、その実が教会のトタン屋根を打つ音がミサの最中にも聞こえてきます。植林するための苗木も育てられています。ジョルジュお爺さんが作った十字架のイエズス様の木彫の彫刻、天使の彫刻などが置かれています。日本一小さいけれど、日本一豊かな教会かも知れません。

それにしては信者は少なすぎました。ジョルジュお爺さんの熱心、深い信仰、思索、博識…。それはどうやら日本では信者の獲得につながらないようです。毎週の日曜日の御ミサに与《あずか》る人は、コックのとし子さん、とし子さんの姪のKさん、事務職のTさん、床屋のSさん、看護師のYさんなど五、六人。寂しいものです。

でもジョルジュお爺さん、一度たりとも、信者が少ないなどと愚痴をこぼしたことはありません。それどころか、ジョルジュお爺さんは、こんな日本を、小さな町を捨てず、貧しい暮らしを楽しんでいるようにさえ見えます。

ジョルジュお爺さんは毎日、子山羊たちを外へ出してやります。子山羊たちは運動が出来るので大喜びです。とし子さんは、メエ、メエ鳴きながら走っている子山羊たちを眺めています。

子山羊たちは皆、好奇心旺盛な、育ちざかりのいたずらっ子たちばかりです。せっかくの「牧場」で遊ばず、台所に興味を持ったらしいのです。とし子さんが台所にいるのに気も付かず、開けっ放しの裏戸からぞろぞろと、台所の中に入ってきました。

とし子さんが椅子からそろりと立ち上がると、子山羊たちはいっせいに逃げ出しました。それも奥の方の「牧場」に行かず、その手前の庭に飛び出したのです。これは困ります。キャベツは植えたばかり、サラダ菜の畝《うね》は作ったばかり、人参は種をまいたばかりです。子山羊たちは、その中に遠慮なく飛び出すのですから困ります。

子山羊たちの後には、ひづめの跡が残り、ビート（赤カブ）をほじくり返されていました。とし子さんは「さあ、こちらですよ」と通せんぼをして、「牧場」の方に子山羊たちを追いやろうとしました。でも子山羊たちは自分たちがどこをくぐって台所に入ってきたか、その穴が見つけられません。それで大騒ぎ。

ジョルジュお爺さんの作る柵は下手で、必ずどこか抜け穴があるのです。山羊たちはその穴を見つけて「牧場」から入ってきたのに、今度はその穴が見つけられず、大慌てなのです。それにしても山羊というのは人まね（じゃなくて、「山羊まね」でしたね）が好き、一匹が柵の穴を見つけて飛び出すと、皆、それに続きます。こうして皆、無事に広い「牧場」に出ました。

その年は四ツ子が生まれていました。山羊の赤ちゃんは一匹の時は、大きくて三キロくらい、四ツ子だと一・六キロぐらいの重さです。恋する期間は三日間で、恋が実ると五ヶ月後に出産です。出産は普通、三月ですが、その頃になると、お産の手伝いがありますから、とし子さんは何時間も教会を留守にするというわけにはいきません。夜明け頃とか、夕食後、食事中に陣痛が始まったこともあります。

陣痛が始まって鳴きだすと、二人は山羊小屋に行って手伝います。親の鳴き声があがって産道が開くと山羊の赤ちゃんの口が見え、あごの下に前足を並べた形で出てきます。頭が出てきたところで両足をつかんで引っ張ると体全体が出てきます。鼻から粘膜を取ってやると一声「メエー」……。それが山羊の産声です。

一〇分たつか、たたないうちに次の子が生まれます。山羊の乳首は二つなので、子は二匹が理想的で丈夫に育ちます。三ツ子、四ツ子になると、乳が足りず、育てるのに手がかかります。またお腹の中の胎児が死んでいれば親に震えが来ますし、胎盤が出ないので獣医さんを呼ばなくてはなりません。

生み終わると、授乳が待っています。母山羊は初乳を全部の子山羊に飲ませなければならず大変です。間もなく、黒い便がクリーム状に出てきます。この胎便の後、子山羊たちは次々と乳を飲み、足が丈夫になって、自分から乳を探して飲むようになります。一週間で土をなめ、二週間で草を食い始めて胃袋を育て、二ヶ月かかってやっと自分の口で栄養を取るようになるのです。

教会で山羊を飼うようになったのは、ジョルジュお爺さんがある農家を訪ねて行った時、子山羊をもらったことから始まりました。

その農家では、ある年、三匹の子山羊が生まれました。ところがそのうち一匹の乳が足りず、顔色が悪く、耳が垂れ下がっていましたので、「これではもたない、どうせ死んでしまうだろう」と農家の人は考えたらしく、川へ捨てようとしていました。そこへジョルジュお爺さんが訪れて、いきさつを聞き、「それはかわいそうだ、一匹私に頂けませんか。助かるかどうか育ててみます」と言って、もらったのです。スイスのアルプスの麓で育ったジョルジュお爺さんにとって、山羊は幼い頃からの友達です。育て方も良く知っています。

農家からもらって、教会に連れてきた子山羊は、燕麦粉《えんばくこ》で、とろとろスープを作り、牛乳を入れて、哺乳瓶で飲ませてやりました。初めのうちは下痢をするので、毎回、お尻を洗ってやりました。やがてそれも治って、表情も明るくなり、子山羊はとし子さんになつくようになりました。

その頃、教会では「チミ」という名の黒猫を飼っていました。「チミ」というのは、茱萸《ぐみ》のことで、ジョルジュお爺さんがたまたま本で読んでその言葉を知り、面白い名だと思って名付けたのでした。子山羊はその黒猫チミと大の仲良しとなり、縁側で一緒に遊ぶようになりました。

ジョルジュお爺さんはその子山羊に「タブ」と名付けました。「タブ」というのは、耳タブの「タブ」で、栄養失調で耳タブが下がっているところから、ジョルジュお爺さんが付けた名でした。ジョルジュお爺さんは山羊にとても面白い名前を付けます。「オリンピア」は東京オリンピックの年に生まれたので付けた名前です。「クンプン」は大きなオスの山羊の名前でした。意味は分かりませんが「クンプン」という発音が面白いですね。

ある時、ジョルジュお爺さんは久しぶりで、子山羊をくれた農家に行って、残された山羊を見せてもらいました。捨てられた子山羊のタブのほうが大きく育っていました。

子山羊は乳の量が十分だと、一日に二〇〇グラムほど体重が増えます。一〇〇グラムでは増え方が足りず、全然増えないならこれはもう病気です。タブは病気もせず、すくすく育っていたのです。

ある年の春、教会にはもらった子山羊などもいて、併せて六匹の山羊がいました。その中には「ハギノ」と名付けられた、お腹が太く、毛のふさふさした山羊がいました。「ハギノ」というのは、折爪岳に「大萩野」という部落があり、そこからもらってきた山羊なので付けた名でした。

山羊は並んで草を食う時は、強いものが先に食べます。そこにはお互いに認め合った順序があるようでした。威張る山羊もいますし、餌を取れなくて悔しがる山羊もいます。とし子さんは見かねて「ダメ、あなたは我慢して」と威張っている山羊を叱ると、べそをかきます。山羊も人間の言葉が分かるんですね。

山羊たちは一匹一匹がそれぞれ、大家族の一員でした。

山羊たちには頭突きの力比べがあります。強いものは追い、弱いものは逃げて隠れようとします。暴れん坊のオスは頭突きで柵板を壊すのが楽しみです。

ジョルジュお爺さんは「山羊を飼うのは、人と山羊との知恵比べですね」と気に留める風もなく、笑って柵を直します。

人間が山羊を観察し、その行動を探るように、山羊も人間を研究しています。人間に要求もし、拒絶することも、さらには攻撃することもあります。あるオス山羊は角を突き上げて、ジョルジュお爺さんの脚に傷を負わせたこともあります。

山羊は賢く、ドアの鍵の仕掛けを口で開けます。
山羊は音楽が好きで、寝ていながらも首を振り上げて、鈴の音を楽しみます。
山羊は自己主張が強く、山へ連れ出した時、疲れると膝をついて這《は》いずって抵抗します。
そんな山羊たちは二人にとって大切な家族です。

山羊を飼って一番驚いたのは、山羊が人の心を見抜くことです。信じられないかもしれませんが、人間の怒りはもちろん、悲しみや失望なども伝わります。ですから人がそんな気持ちでいる時、乳をしぼらせてくれません。反対に、人が優しい声で、優しい態度でなだめてやると、山羊にもちゃんと通じてお乳もたくさん出るのです。

アルプスのハイジ好みのこの教会の生活も地方開発の影響を受けています。干し草も少ししか作れなくなってきました。とし子さんはいつまでこの幸福な、豊かな生活が続くのだろうかと不安に思う時があります。

七六歳のジョルジュお爺さんの歌う夕べの讃美歌が聞こえてきます。その讃美歌の合間に一匹だけになってしまった山羊の鈴の音が聞こえてきます。その音色は何と優しいことでしょう。

その音色を聴いているとし子さんの心はいつの間にか、深い感謝の海に安らぐのです。

その三　ガチョウたちの受難

ある春の日のことです。とし子さんは教会の「牧場」(教会の庭からつながる草地)の草刈りをしようと鎌を手に籠《かご》を背負って、庭の柵の方に向かいました。

「おやっ?」

とし子さんを見ると、いつもなら「グワッ、グワッ」と鳴いて藪から出てくるはずのガチョウが今朝は出て来ません。

「さては…」

とし子さんは胸騒ぎがして、庭の小さなタライの池のそばを通り、イチイの植え込みを見ました。やはりそうでした。近づいて見ると、首を食いちぎられ、右胸の肉もほとんどないガチョウが黄色い足を並べて仰向けに転がっていました。ガチョウの死体は夜露に少し濡れていました。

ガチョウはペットとしてでなく、家畜として肉とするために飼っていましたから、とし子さんは一瞬「ああ、もったいないことをした」と思いました。

けれどもすぐに、その思いは消えました。食べられるガチョウにしてみれば、こうして狐に襲われようと、私たちの手にかかって殺されようと（ジョルジュお爺さんは、屠殺の技術をもっていました）、いずれも同じ殺し屋に違いない」と気づいて、ガチョウに申し訳ないような気持ちになりました。

思い起こしてみると、教会で最初にガチョウを飼ったのは一〇年ほど前のことです。

鶏屋さんのトラックがやって来て、鶏の雛やアヒル、七面鳥などが箱の中に入って、ピヨピヨと鳴いて売られていました。ガチョウもその中にいたのです。ジョルジュお爺さんと、とし子さんはその一つがいのガチョウの雛を買いました。梅の木の下に鶏小屋があり、そこに入れて早速、水とクローバーを刻んだものを餌にしてやりました。ガチョウはすくすく育ちました。野良猫に襲われないくらい大きくなったところで教会の庭に放しました。広い庭で放し飼いですからガチョウは大喜び。

ガチョウのオンドリは、その年、クリスマスのお祝いが

ガチョウ―中野さんの水彩画

あった時、集まってきた人たちの御馳走として提供されました。

メンドリは春になると卵を生んでくれました。あまりたくさん産むのでとし子さんは一体何個生むのだろう、と数を数えてみました。鉛筆で卵に番号を順番に書いていくと、何と五三個もありました。


メンドリのガチョウの名は「サチ」すなわち、「幸」です。とし子さんが付けたお気に入りの名前でした。

とし子さんが縁側の戸を開けて「サチ！」と声をかけると、サチは「グア」と答えてくれました。面白いので「サチ！サチ！」と繰り返すと、また「グア」と答えてくれます。とし子さんは何だか「幸《さち》」を呼び寄せているような明るい気分になりました。

サチの翼は関節に障害があり、一方が外側に飛び出していました。それを剪定ばさみで切ってやりましたが、傷は残ったままでした。

雪解けの季節になると、サチが暖かな日差しを浴びて翼に首を突っ込み、片足で立って眠っています。とし子さんはそれが面白くてペン画に描きました。

「水ぬるむ　庭のガチョウも　夢うつつ」

という句もその絵に添えました。

それがサチの記念の姿となってしまいました。

それから数日たった朝、雪化粧をした土の上にサチは冷たくなって横たわっていたのです。雪の上には犬かとも思われる足跡が柵に添うように点々と並んでいました。面白がって追いかけたのか、おもちゃのように弄《もてあそ》んだのか、不思議なことにサチは何一つ傷もないままに死んでいたのです。

この経験から、次にガチョウを飼った時は、犬がくぐらないように教会の裏の「牧場」、隣家との境、板塀の下、門の扉の下などに金網を張り巡らしました。それでもガチョウは襲われました。

ある時、オンドリのガチョウが血を流してしょんぼりしているので、捉まえて調べてみました。腰のあたりが深くえぐり取られて、もうちょっと深ければお腹に穴が開くほどの傷を負っているのでした。

血液が乾くと固まって痛そうなので、とし子さんは薬を塗ってやりました。油紙には血がにじんでいました。熱もありそうです。少し良くなると、タライの池に入ったまま、立ち尽くしている時もありました。時が経つにつれ、傷もだんだん小さくなりました。けれども尾羽《おばね》が乾燥した傷に引っ張られて痛々しく見えました。

教会には小さな駐車場があり、ガチョウはその駐車場の板塀の隙間から食事のパンをちぎってもらいました。また、庭のアスパラの芽をその広い足で折って食べていました。傷口も回復してすっかり元気になったガチョウが羽ばたくと、縁側のガラス戸がそれに応えるようにガタガタ揺れました。

ガチョウは野アザミの絵を描いているとし子さんの周りへ来て、首をかしげて見ているようでした。ガチョウにも絵が分かるのでしょうか。とし子さんは「どう。私の絵は…」と尋ねましたが応えはありませんでした。

巣籠りの時になると、ガチョウは一本一本、干し草を念入りに寄せ集めて巣を作っています。そんな時、ガチョウは、とし子さんなどに構っていられない、というふうで大忙しです。

確か一〇月のことでした。のどかに暮らしているガチョウが狐に襲われました。教会の後ろの山には狐が棲んでいて、時々、鶏などを襲うこともあったのです。

買い物に行った店で、とし子さんは、「レストランの残飯をあさりに来る狐がいるそうだ」という話を聞きました。その残飯あさりの狐が藪を伝って教会に来たのでしょうか。ガチョウの毛が周囲に散乱し、赤い血の色さえ見せながら、冷たく横たわっていたのです。

教会の庭では七面鳥も飼ったことがありますが、今は山羊もおらず、アヒルが二羽いるだけ。一羽は足が曲がっていますが、卵を生み始めました。二度と狐の襲撃を受けないように、夕方になると小屋に追い込むのがとし子さんの毎日の日課です。アヒルを追い込みながら、とし子さんはお祈りします。

「アヒルたちがどうか、無事に過ごせますように。この教会がアヒルたちにとっても、楽しい、住みやすい所でありますように」と…。

コラム　**岩手日報「風土計」**（二〇一四年七月二二日）**より**

一個の種を拾ったアナグマに神様が言った。「木になるのを見たければ、植える前に鳥のおなかを通すがいい」いろんな鳥に種を飲むよう頼んでは断られる。諦めて種を託した神が植えると若木が育つ。面白くないアナグマだが、それは鳥を探す間に種の蠟がすれ落ち、芽が出やすくなったからだった。神に努力を認められたアナグマは幸せの光に包まれる。

物語「幸せの種」を作ったのは、二戸カトリック教会の神父を四五年務めたゲオルク・シュトルムさん。二〇〇四年に八九歳で天に召され、一〇年になる。それを記念して二戸市では、神父が生前に描いた草花や木々の絵画展がおといまで開かれた。木を植える神父として知られた。粗末な和風の教会で自給自足の生活をしながら、裏庭に木の種を植える。苗が大きくなると市営球場の斜面に独り、植林を続けて五〇種、二千本にもなった。なぜ、種から育てたのだろう。

今思えば、物語は自分を重ねていたのかもしれない。かつて教会を訪ねた時、神父は祖国スイスに帰らぬ自らを「浦島太郎」と、ちゃめっ気たっぷりに呼んだ。二戸で死に、土になることを決めていた。

アナグマの生涯が終わると、一粒の種から育った大きな木が木陰をつくり、彼を覆った。神父が植えた木々も七月の深い緑が市民に木陰を与えている。

V
神父とセシリア

彼女の名前はセシリア。セシリアは彼女の洗礼名であるが、本名でいうより彼女自身をよく現している。

二〇一四年の現在、四一歳になる細身の、美しい、どこか激しい情熱を秘めた、繊細な面影を宿すピアニストである。カトリック信徒であった船越保武の彫刻に聖セシリアがあって県立美術館に展示されている。もし読者がセシリアに会いたいと思ったならお出かけになって鑑賞されると良い。面影は似通っている。

セシリアは二三歳の時、盛岡市の志家教会でベトレヘム会のスイス人宣教師、シュミドリン神父から洗礼を授けられた。カトリックでは洗礼を受ける時に、洗礼名を頂く。それは自分で好きな聖人を選んでつけることもあるし、神父から授けられることもある。彼女の場合、音楽の守護の聖人であることから自らつけたものである。そこにはカトリックの信仰を支えにピアニストとして生きる決意が込められている。これから語ろうとするのは、このセシリアとシュトルム神父の魂の交流の物語である。

セシリアの誕生

盛岡市にある志家教会の司牧をされているシュミドリン神父は、一六ミリの自作映画を製作したり、教会の建物の修理、芝刈り機の制作、庭や花壇の考案、設計までこなすマルチ人間として知られていた。志家教会では、積極的にカトリック式の結婚式を行うなど、カトリック信者のみならず盛岡の一般市民に広く人気があった。

普通、カトリックの洗礼を受ける時は、「公教要理」といって、カトリックの信仰の骨子をまとめた本に基づいて教えを受け、それから洗礼となる。しかし、セシリアは後に紹介するように、小学校の時、長岡輝子さんの朗読する聖書に親しみ、中学で両親や妹たちと二戸教会のシュトルム神父を訪れて幾たびかお話を伺っている。またピアノ留学したウイーンでも神父からカトリックの教えを受けるなど、カトリックの「初心者」ではなかった。それを知っているシュミドリン神父は、彼女が「洗礼を受けたい。セシリアのように信仰と音楽の道を歩みたいのです」と言うと、一も二もなく特別の勉強なしで喜んで洗礼を授けてくれた。

一九九七年三月三〇日復活祭の日、それまで降っていた激しい雨が急に止み、太陽が教会のステンドグラスを通して輝いた。彼女の洗礼を祝福するように晴れ渡った日となった。両親、末の妹も参加し、家族皆の祝福を受けて「セシリア」が誕生した。中学校を卒業後、ウイーンに四年、ポーランドのクラクフに一年数ヶ月ピアノ留学したものの、病のために帰国した、二三歳の青春のさなかであった。

キリスト教との最初の出会い――「大《おお》ママ」と長岡輝子

セシリアは少女時代、父母、祖父母と下の二人の妹と暮らしていた。祖父のことは後で紹介することとして初めに祖母のことを紹介しておく。祖母のことを家族は「大ママ」と呼んでいた。それは少し大柄で、様々な活動をして社会的にも存在感のあった祖母に対する親しみと尊敬の念をこめた呼び名であった。

「大ママ」は一九二七（昭和二）年に平館に生まれ、一九四四年、盛岡高等女学校（現、盛岡二高）を卒業、一九四八年に盛岡生活学校を卒業した。その後、農村や漁村の婦人生活の向上に努め、一九七六年に「生活指導を通して主婦に貯蓄を奨励した」という業績が認められ総理大臣に表彰されている。

「大ママ」は長い間「盛岡友の会」で活動した。「友の会」は八戸出身の羽仁もと子の創設した婦人団体で、家庭生活の合理化、改善、向上を目指して活動している。羽仁もと子は「思想しつつ、生活しつつ、祈りつつ」を信条とした無教会派のキリスト教徒であったが、「友の会」にも背景としてキリスト教の精神が流れており、聖書朗読もしばしば行っている。「大ママ」は単に「友の会」の会員というばかりでなく、講演などもしばしば行い指導的な役割を果たしていた。

「大ママ」は三人の子供を遺して先立った姉に代わって嫁いだ人である。セシリアの母を含めて三人の子供を育ててくれた上に、自分の妹や姉、弟の子供まで引き取って世話してくれた。「友の会」の精神で、「主婦はプロだ」という自覚をもち、夫の食事にも店屋物《てんやもの》で手を抜くなどということはなかったという。幼かったセシリアにその苦労はよくわからなかった。セシリアにとって「大ママ」は、クリスマスが近づくとデコレーションケーキを作ってくれる優しいお婆さんだった。クリスマスの夜には家庭音楽会を呼びかけてくれる楽しいことの好きな明るいお婆さんだった。

家庭音楽会のプログラムを作るのは、長女セシリアの仕事だった。クリスマスになるとセシリアの家からは、シューベルトやメンデルスゾーンの歌曲、バッハの三声(三部合唱)の無伴奏の宗教音楽などが聞こえてきた。セシリアの母は音大卒のピアノ教師であり、祖父も熱烈な音楽ファン、姉妹三人も皆、ピアノに親しんでいる音楽一家のクリスマスであった。

「大ママ」は県立図書館の司書を勤める人と共に、「すがわりの会」というサークルを作っていた。そこで盛岡ゆかりの長岡輝子を招いて「長岡輝子語る　賢治の童話を聞く会」を企画、昭和四八年、県民会館大会議室で「第一回長岡輝子の会」が開かれ、以後昭和五八年まで八回行っている。長岡輝子はその度に「大ママ」の家に遊びに来て、「大ママ」手作りの煮しめを「ふるさとの味」と言って楽しんでいった。

セシリアにとって長岡輝子は大好きな「大ママ」のお友達であり、白髪の上品な、にこやかな、やさしいおばちゃんだった。その長岡おばちゃんは女優であり、演出家であり、「カセットで聞く聖書のおはなし　全三〇巻」の朗読者であり、さらに賢治童話の朗読に取り組んでいた。その三〇巻にも上る聖書朗読のカセットを、母は娘たちにクリスマスプレゼントとして買ってくれた。セシリアはそのカセットを二人の妹たちと何遍となく聴いた。寝る前にそのカセットを聞くのが習慣となっていた。

聖書朗読を聞くとセシリアの胸に「長岡おばちゃん」の優しい笑顔が浮んできた。神様が世を作られたこと、人間は神様の命《めい》に背いて悪に走ったこと、キリストが分け隔てなくすべての人を愛されたこと、人々のために苦しみにあわれたことなど幼い少女に伝わってきた。正義感の強いセシリアは、どうしてキリストは悪いことをしないのに苦しみにあわなくてはならないのか不思議だった。

やがて賢治童話の盛岡弁の朗読が出版されてセシリアはそれにも親しんだ。この賢治童話の盛岡弁による朗読は、「すがわりの会」で試しに挑戦して大きな反響があったことから始めたものだと長岡輝子本人が語っている。それによると長岡輝子は盛岡生まれだが、長い間盛岡を離れて暮らしていた。しかし、祖母（長岡げん）と暮らしていて、その祖母の古い町方の盛岡弁が、そのまま孫の輝子に口移しに生き続けていた。長岡輝子の盛岡弁を聞いた皆は、その昔ながらの盛岡弁を聞いて、驚き感動した。それに自信を得て賢治童話の盛岡弁朗読を始めることになった、というのである。

「大ママ」は長岡輝子の盛岡弁による賢治童話朗読の陰の功労者と言ってもよいだろう。

（『長岡輝子の四姉妹』鈴木美代子、草思社）

長岡輝子のこと――長岡家とタッピング夫妻

少し脱線になるが、長岡輝子について、その著『父からの贈り物』（草思社）によって簡単に紹介しておく。

輝子は一九〇八（明治四一）年に盛岡に生まれた。父擴《ひろむ》は盛岡中学の英語教師（石川啄木にも教えているという。後に東京の大倉商業に転任、二度にわたる留学を経て東京商科大学、現在の一橋大学の教授となった）、母の栄《えい》も盛岡高等女学校（現、盛岡二高）の教師であった。擴は外交官を志望し同志社英学校で学んだが中途で退学し、北海道で代用教員をしていた頃、栄と知り合いキリスト教の信仰に裏付けられた熱烈な恋愛を経て結婚した。母栄は盛岡の旧家「向半《こうはん》」と呼ばれている長岡家の一人娘であるところから、擴は婿となった。二人とも内丸教会に通う熱心なクリスチャンであった。

輝子の母栄は長男の光一を育てるため勤務先の盛岡高女の体育館を借りて「盛岡保育会」という月謝不要の保育園を開いた。それが評判になり手狭になっていた。栄の話を聞き共感した内丸教会の米人宣教師タッピング夫妻が、子供たちを引き受けて教育するようになった。これが現在の盛岡幼稚園で、盛岡幼稚園は栄の命日、四月二二日を創立記念日として、平成一九年、創立一〇〇年の歴史を刻んでいる。

タッピング夫妻と栄、長岡家は深い交流があった。興味深いのは、このタッピング一家と宮澤賢治も交流していたことである。その「記念詩」ともいうべき作品が賢治の文語詩「岩手公園」でタッピング夫妻のみならず息子や娘まで登場している。

賢治はタッピングの聖書講座に参加するだけでなく一家と交流があったし、妹のトシもタッピングから英会話を習っていたという。ちなみに賢治は熱烈な仏教徒であったが、盛岡でのその青春時代、キリスト教にも関心をもち、四ツ家教会のフランス人プジェ神父との交流もある。

こうしてみるとプロテスタント・カトリックを問わず、外国人宣教師の存在が岩手の人々に大きな影響を与えていることがわかる。セシリアとシュトルム神父の交流もその現代版と言えなくもない。

生い立ち――ピアニストを目指す

セシリアは一九七三（昭和四八）年、盛岡市に生まれた。父は岩手県の県庁に勤める公務員、母は音大を出て家でピアノを教えていた。セシリアがピアノに生きる道を自然に選んだのはこの母の影響であるが「大ママ」が家庭音楽会を提案するなど、音楽好きだったこと、さらに祖父も熱狂的な音楽ファンであったことも影響している。

祖父は県庁に勤務していたが、大学時代はマンドリンクラブに所属、仕事についてからはクラシック音楽のカセットやオープンリールを集めていた。カセット千本、オープンリール六百本が今でも、セシリア家の財産として残されている。ラジオドラマの脚本も書いていて、「伸びゆく若葉」はラジオのシリーズで年間を通して放送された。

祖父はヘッドホンをつけ音楽に聞き入っていた。セシリアもそれをまねて音楽を聴いていた。それは幼児ながら心から音楽に聞き惚れ、心酔しているような聞き方で、家族もこんなに小さな子供に音楽が分かるのかしら、と不思議に思うほどだった。

母は自宅で子供たちにピアノを教えていた。セシリアのピアノはこの母の影響であるが、といって特別に母は教えたわけでない。母の教えるピアノレッスンを聞いているうちに、いつの間にかその曲を覚え、暗譜して、楽譜を見ないですぐにピアノを弾ける子供だった。バッハのメヌエットを弾いたのが三歳の時、バイエルやブルグミュラー、ソナチネなど次々に弾けるようになった。母だけでなく、祖父もセシリアがピアノを弾く間、傍に付き添って聞いてくれた。音楽家には天才的な人がよく登場するが、もしかしてセシリアもそんな天分をもって生まれた子ではあるまいか。家族はセシリアの成長を楽しみにした。

セシリアは合唱にも惹《ひ》かれた。ウィーン少年合唱団のとりことなって、本や写真を見てその少年たちの名前を覚えるほどだった。世界の聖歌隊に関心を持ち、ライプチッヒ聖トーマス教会の聖歌隊合唱隊をテレビで録画し幾度も聴いた。ドレスデンの聖歌隊やケンブリッジ大学のキングスカレッジの聖歌隊の歌を四ツ家教会で聞いて感動したことも忘れがたい。

小学校六年の時には、バッハのマタイ受難曲のＤＶＤを繰り返し暗譜するほどに聞き惚れていた。付属小学校の行事となっている卒業論文の発表会では、学年で二人、代表となって発表した。題名は「メンデルスゾーンのカプリチョーゾの分析と演奏」だった。一時間に渡って楽曲の構成や変化、再現、情景など語り、演奏した。楽譜はステージの幕に映写されて、ピアノを弾いて解説した。

ピアニストになろうという夢は幼少期からすでに決意することもなく自然な道として用意され、それ以外の道は考えられなかった。

病との闘い

音楽（ピアノ）に深い関心と天分を持ち、その将来が期待されたセシリアだったが、体が弱く、その半生は幼いころから病との闘いだった。小学校の時から学校を欠席したり、早退したりする日々が続いた。しかも原因はよく分からず、腹痛や下痢で、三、四年生の時は一ヶ月以上も給食を取れないこともあった。精神的なものが影響していることは確かだった。内向的で神経質、デリケートな彼女は殻に閉じこもりがちだった。腹痛を繰り返し、食欲がなく、しばしば発熱を繰り返した。それでも小学校の時は入院することもなく何とか過ごせた。

しかし付属中学に入学後、病状はますます悪化した。盛岡中央病院の医師は「娘さんは蟻《あり》地獄に陥っているようですね。その蟻地獄から抜け出さないとね」と言ってみちのくみどり学園を紹介してくれた。

彼女はみどり学園で一年間療養に努めた。ホルモンの分泌が悪い、自律神経失調症、起立性障害などと医師に診断を下されたが何の効果的な治療法も見つからなかった。医大の精神科にも通った。血圧が下がり、立ちくらみや目まいがした。朝、起きるのがとても辛く、昼頃になって起き出すこともしばしばだった。起きても午前中は調子が悪かった。食事が十分にとれなかった。そのために体がフラフラして、一人では風呂にも入れず、介護老人のように体を洗ってもらうしかなかった。

みどり病院では、一番症状の重い子供たちと同じ部屋で過ごした。癌《がん》で亡くなる子供、癲癇《てんかん》の子供などと共に過ごした。そういう子供たちと共に暮らして、セシリアは「このまま死んでしまうのではないか」という不安にたえず襲われた。幻聴が聞こえてきた。その幻聴の中でモーツアルトのピアノ協奏曲が鮮明に聞こえた。

症状は治らぬままに、中学二年でみどり学園を退院、欠席しがちながらやっと付属中学校を卒業した。

中学で大きかった出来事は大好きだった「大ママ」が亡くなったことである。「大ママ」は晩年、「歩道」という短歌の会に入って歌作りに熱中していた。それで彼女の自作の短歌を孫のセシリアに「こういう風に直されたのよ」と元の歌を交えて紹介してくれた。

「大ママ」が亡くなった後で、子供たちがその歌集を編んで出版してくれた。その短歌のなかに「黙《もだ》す子を憂ふる娘力づけ眠れぬわれは夜半に涙す」という一首がある。「黙す子」はセシリアである。セシリアはこの歌を読むたびに、自分の不安定な思春期の肉体的、精神的な苦しみを思い起こし、それを案じてくれた母や祖母の深い愛情に感謝するのである。

二戸カトリック教会初めての訪問

シュトルム神父が二戸教会で信仰に徹した清貧な暮らしをされているということは、それとなしにセシリアの耳にも入っていた。キリスト教に親しんでいたセシリアは、信仰に生きる人の生活を見てみたいという少女らしい好奇心を抱いた。みどり学園での鬱屈した生活から解放されてどこかへ行ってみたいという気持ちもあった。

教会に行くなどというと、中には反対する親もいる。しかし、セシリアの両親は二人ともキリスト教に理解があった。「大ママ」が聖書に親しみ、家族はクリスマスや音楽を通してその教えに共感していた。祖父も、祖父の姉も下ノ橋教会に通う信者だった。母はセシリアと共にマザー・テレサの本を読んでいた。両親は病気で苦しんでいる我が子が望むなら、と二戸教会に連れて行く約束をした。

その日が来た。父が車を運転し母、セシリアと三人でピクニックにでも行くような気分で家族は出かけた。初めて見る二戸教会は、平屋の小さな、古い日本家屋だった。赤茶色のペンキを塗った屋根に十字架が立てられていなければ、誰も教会だなどと思わないだろう。大きなクルミの木が屋根を覆うように枝を広げていた。板塀をまわした閂《かんぬき》の門から中に入ると右側に野仏のように古びた木彫りの聖母子像が迎えてくれた。左側はオダマキなどの野草の花壇と小さな日本家屋があった（後で分かったことだが、これはコックの中野さんの住んでいる家だった）。「便所」と書かれた小さな小屋もあり、教会の入り口の上には「ROSARIO堂」（ロザリオ堂）と記された額が掲げられていた。教会はロザリオ堂であり、聖母マリアに対する祈りの場なのである。

中に入ると、木製の像が下駄箱の上に置かれている。後で聞いたところによると「竪琴《たてごと》を弾く天使」という神父手作りの作品だという。教会には山羊を飼っているらしくメエメエという鳴き声と鈴の音が聞こえてきた。古ぼけた八畳二間続きの和室がお御堂である。障子戸で縁側と仕切られている。お御堂の奥の部屋には正面に十字架のイエスの木像が掲げられている。天井には丸い裸電球が下がっている。

鉄製の厚い薪《まき》ストーブが据えられ、その前に三〇センチくらいの高さの台座の椅子《いす》があり、神父はそれに腰かけて話をするのだった。神父は笑顔で家族を歓迎した。コックとして勤めている中野さんが薬草入りのコーヒーを運んでくれた。

セシリア一家はその日、神父の豊かな話を聞いた。話題は自分の日常の暮らしぶりや作曲した歌や彫刻や絵のことなど、次々と移って絶えなかった。セシリアの一家はその豊かな知識、教養に驚き、こんな田舎町にこの神父が生活されていることをもったいないと思った。その生活ぶりにこれこそ噂にたがわぬ清貧に生きる神父だ、聖人だと思った。

教会を訪れる前に、了解を得るために出した手紙の返事としてもらった神父の手紙には「不便な家です。つまずかないで（注／〃嫌いにならないで〃の意であろう）」とあったが、粗末な、古ぼけた教会は一家を感動させた。

母は「冷蔵庫がなくて不便でしょう」と尋ねた。神父は「大丈夫、発酵するとヨーグルトになります。チーズもそれで作ります」と全く意に介しないふうであった。

それ以後、セシリアの一家は度々二戸教会を訪問した。三人の姉妹と両親、五人で行くこともあった。父は教会に行くたびに心を洗われるようだと言った。皆の心も豊かに満たされて二戸まで来て良かったと大きなお土産を頂いたような思いだった。

ある時、二戸からの帰り道で、虹が美しくかかっていた。家族はそれを見つめ「この虹、神父様がかけてくれたんだね」と語り合った。

神父は自分の作った作品を惜しみなくセシリアの家族に与えた。セシリアは神父からネズミサシの木で作ったという彫刻「くすしきバラの花」と「無原罪のマリア」というマリアがヘビ（悪魔の象徴）を踏みつけている作品を頂いた。マリアの胸の心臓の所には金のハートが埋め込まれているが、ご自身の金歯を溶かして作ったものだというので驚いた。セシリアの二人の妹もそれぞれ彫刻を頂いた。

海外への音楽留学

セシリアは感じやすく病弱だったが、半面強い意志と勇気をもち、音楽への情熱にあふれる少女だった。中学を卒業すると、自らの意志で音楽への道、それもヨーロッパ留学を志した。ウイーンに音楽留学しているピアニスト長岡直子さん（長岡輝子さんの一族）が「心を休めるためにこちらに来たら」と誘ってくれたのがきっかけだった。知人はセシリアの病弱なこと、ナイーブでさまざまな葛藤を抱える彼女に休養を与えたいと思って誘ってくれた。しかし、セシリアは心の中で、「ピアニストになるため修行に行くのだ」と決意していた。

オーストリアのウイーン国立音楽大学に留学して、コンツェルトファッファ（演奏家コース）で四年間学んだ。ウイーン国立音楽大学は世界指折りの音楽大学で、リスト音楽院やショパン音楽院などを卒業した生徒たちもその中にはいた。彼女は小学校の先生を家庭教師としてドイツ語を学ぶなどドイツ語の習得に努めるとともにピアノのレッスンに励んだ。その甲斐あって難関中の難関といわれるウィーン国立音楽大学に合格した。入学は九月だった。

生活環境が変わったためか、起立性調整障害も嘘のように収まり、セシリアは普通の生活ができるようになっていった。だが、音楽留学を順風満帆に過ごすかにみえた彼女は、再び原因不明の下痢や発熱に苦しみ始めた。

その治療のため帰国し、その後再びウィーンに行き、そこからポーランドのクラクフに移り音楽アカデミーでピアノの勉強を再開した。しかし、またも病気のために四ヶ月入院生活を余儀なくされた。ポーランド語を学んだのはこの時だった。病院の中に礼拝堂があり、毎日夕方になると友人たちに助けてもらってお祈りに行った。修道女から十字架をもらった。教皇ヨハネ・パウロ二世のゆかりのロザリオをもらって、カトリックの教えを勉強した。友人たちはマリア教会で洗礼を受けるように勧めてくれた。しかしセシリアは一人、入院生活を過ごすのは不安で、帰国し盛岡中央病院に入院した。

ある日、同室の患者が「東京に良い先生がいる」と紹介してくれた。セシリアは藁《わら》をもつかむ思いで東京社会保険総合病院に転院した。「絶対安静」といわれ、起き上がることも禁止された。

東京の病院に入院中、一人のクリスチャンに誘われて「学生の家」（新宿の新大久保にある神学生の宿舎）に日曜日ごとに通った。その女性はクローン病でＩＶＨ（中心静脈栄養）で栄養を摂っていた。その上、パーキンソン病にもかかって五一歳で亡くなった。亡くなった時の知らせは彼女の妹からの手紙で知った。それによると亡くなる前日、彼女は両親の結婚記念日を祝うメッセージを書き、お祝いのパーティもして両親の結婚記念日に亡くなったということだった。

シュトルム神父の励まし

二〇〇〇年六月、病のためヨーロッパの留学から帰国したセシリアは、医大・北陽病院・中央病院とわけの分からない難病を抱えて病院から病院へと渡り歩く日々であった。その中で神父とセシリアの交流が再び始まり、深まっていった。

神父は言った。「人は苦しんでいる時、病気の時に、清いものが与えられるのです。イエスも苦しみました。あなたが苦しんでいるのは尊いことです。苦しむことがあなたの魂を清めてくれます」と。

またある時は言った。「悲しんでばかりいると毒キノコが生えてきます」と。

またある時は、「あなたの病気は神に捧げなさい。あなたはこの神父が祈っていることを忘れないで下さい」と言った。

セシリアは神父がひたすらに自分を思ってくれ、祈ってくれていること、イエズスの十字架の苦しみを思い起こし、イエズスと共に苦しみに耐えなくてはならない、と自分に言い聞かせた。

神父は真剣に祈ってくれただけではない。驚いたのは自分の入院している一戸病院に自転車で見舞いに来てくれたことである。夏の暑い日差しを浴びて、二〇キロもある坂の多い国道を自転車で、幾度か休みながら八五歳の老人が必死になって来てくれた。それを思うとその体力に驚くと同時に、自分のためにそうまでしてくれたことに感謝の涙が溢れた。神父の自転車は黒くて重い、荷台の付いた古ぼけた自転車だった。

神父のセシリア宅訪問

神父は盛岡でベトレヘム宣教会の神父の集まる月例会が開かれる時、夜八時ごろから一時間ほど、セシリアの家を訪れくつろいでいった。セシリアの母が車で本部まで迎えに行った。神父は会話を楽しみ、セシリアのピアノを楽しんでいた。神父の訪問はセシリアの家族にとって二戸教会を訪れた時とはまた異なった、うれしい、感激に満ちた一時であった。

忘れがたい話もある…。神父は母一人、子供七人の貧しい家庭に育った。母はフランシスコ会の在俗会員で信仰の深い人だった。ある時、友人がチョコレートを買っておいしそうに食べていた。子供たちはそれを買うだけのお金がなかった。それを察した母はドングリの実を擂《す》って粉にしてチョコレートを作ってくれたという。セシリアの家では家族で愛宕山に出かけてドングリを拾う時、いつでも神父の貧しい、けれども深い信仰に生きた家庭を、そして神父を思い起こすのだった。

ある時神父は、「今日弟に自分のこれまで書いた詩や童話、スイスの子供時代の思い出などを綴った原稿をすべて送りました。自分の骨を埋めるのは日本のことと決め、遺品として送ったのです」と語り、その内容など紹介した。語りながら途中で神父は大粒の涙をはらはらと流した。

セシリアの家族は、宣教師として故郷を離れて、遠くこの日本に暮らす孤独な貧しい生活を思い、その熱い信仰に打たれた。そして神父の存在をつくづく尊いものと感じた。

神父は来るたびに、セシリアのピアノ演奏を楽しんで帰った。中でもショパンが好きだった。「あなたのピアノを聞いていると、あなたの魂が分かります」と言って喜んだ。

神父の訪問は、一時間ほどの短い時間ではあったが、その言葉はセシリアの家族にとって極めて印象深いものだった。聞き捨てにするのは惜しかった。セシリアの母は神父の帰った後で、その言葉を思い起こして毛筆で書き留めておいた。

セシリアの筆者宛て書簡

「二戸教会が二年後にはなくなるかもしれない」と聞いて筆者は、自分を育ててくれた二戸教会、シュトルム神父のことを書き世に紹介しようという気持ちをいっそう深めた。神父とセシリアの物語もその中から生まれた聞き書きをもとにした物語である。セシリアの家を訪問した最初の日、中津川沿いの小道を歩いてセシリアの家に向かった。その折、「ピアニストセシリアさんに会ひに行く中津川沿いコスモスの道」という歌が生まれた。セシリアの家族は、県庁を定年退職された父、母も一緒になって温かく私を迎えてくれた。「シュトルム神父のことを書きたいのです」と私が言うと喜んでお話してくれた。セシリアに「聞き書きよりも、直接書いてもらう方が、読んでもらう人に分かって頂けます。神父様の思い出を書いて頂けませんか」と話すと、彼女は「話すよりも書く方が思いを良く伝えることが出来ます」と快諾された。

筆者宛てに送られたその書簡を読んで、神父とセシリアの霊的な交流に深い感動を覚えた。書簡は二通頂いた。それを本人の了解を得て公表する。

〈書簡 A〉

シュトルム神父様の思い出は沢山あり、何時間も二戸教会ではお話をお聞きしました。葉書にもお書きになったように、沢山の神への信仰を教えて頂きました。それは説教するというより実際に経験されてのお話でした。

シュトルム神父様が私に下さったマルタ・ロバンの本を読みました。彼女は病気で寝たきりでしたが神への強い信仰を持って生きました。御聖体だけを食事として、何も食べることができなかったそうです。神父様は彼女をとても尊敬しておられました。私に熱をこめてお話されました。彼女は望みも嘆きも全くなく、すべては神から生を与えられていて、すべてに満足していました。

「人生には完全に清らかな瞬間がある。それは誕生の時と臨終の時の二度である。」（マルタ・ロバン）

そして彼女の苦しみの中で、呼吸する空気よりも愛を求めて、悩み苦しむことも出来ないと言っていました。それにシュトルム神父様はとても感銘しておられました。

こうして私にマルタ・ロバンを手本にするように口ではおっしゃらなかったにしても、そう私は感じました。（注／マルタ・ロバンはフランスのカトリック信者で、福者として列福された。一九〇二年、農家に生まれ、一六歳で健康を害し、二一歳で寝たきりとなったが、一九八一年の死に至るまで、祈りと、断食などの苦行、他者への奉仕に生きたという）。

平成一四年に二戸のクリスマスに行き、教会に泊まらせていただいた時、大林勝子さん、阿部学さんともお会いして、信者同士で沢山語り合いました。三沢からいらした医師の近藤さんが病院を開業されたということで挨拶されました。近藤さんご夫妻は神父様に羽毛布団をプレゼントしました。神父様はとっても喜んでおられました。

神父様は皆に語りました。「神は人間を作りたもうずっと前から天使を遣わした。人間と同じに自由になる。愛のために自由を与える。だからいつもサタンと戦いなさい。殺害、憎しみ、嫉妬、サタンとの戦いの方法は自分を乗り越えることで、祈らなければならない。脳みそにボタンを押してイエズスと結ばれると、恵み、良いことが起こります、と。イエズスにいつも感謝していれば、悪いことも、良いことに廻すことが出来ます」と。

クリスマスの日、こんなことも語られました。

「目には見えないがイエズスに、いつでも主イエズスの御心で天国と一緒に結ばれる。これはクリスチャンの信ずべきことです」

平成一四年一一月二六日にも二戸教会に泊まりました。その時「劣等感は罪です。次々と枝葉が出てきてそれも罪になります。ピアノを弾いていることを神に感謝しなさい。そう思って下さい。」とおっしゃいました。トウモロコシパンとサワークラウト、肉、ご飯とお味噌汁を頂きました。

次の日、掘りごたつで神父様とロザリオを作りました。神父様がナイフで荒削りに削ったロザリオの粒を紙やすりで磨いて丸くするのです。

また、外に出て、ショウブの根を土に埋め、その上に木の葉を乗せて寒さをしのぐために覆いにしました。ショウブの根はそうしないと寒さにやられるというのです。

お話も色々と聞かせて頂き頂きました。
中国の天津で座礁にあい、ヨットで島に着いた話やピアノの話をしました。私はいつも忘れがちに
「ピアノを弾く時はキリストに賛美して下さい」と言われました。私はいつも忘れがちに
なりますが神様に向かって弾くつもりになることなんですね。
二戸カトリック教会では告解を何度も致しました。告解を済ませると神父様はいつも明
るいお顔になられたことが、今でも思い出されます。ロザリオを繰りながら熱中してお祈
りし、神秘的状態に陥ることもしばしばでした。神父様のお祈りは深い沈黙のうちにも謙
虚で、真剣そのものでした。私もそれに与ったのです。本当に素晴らしい経験でした。
神父様は井戸で塩水で目を毎日洗って、白内障を進行させないように努力なさっており
ました。これも科学的な根拠があるということです。何でも実践なさっておりました。私
もハーブ療法を実行しております。春はイラクサのお茶、レモンバームのお茶、カモミー
ルのお茶、コンフリーの湿布、白ヤマブキのエキス、すべて体に良いのです。
シュトルム神父様や私の生涯のパートナーからもハーブ療法を教えて頂きました。
亜麻の粉末は腸によいとのことで送って頂いたものを飲んでおります（毒ではありません）。
一番励みになったのは、神父様が「セシリアさんは私の支えになっています。私は年老
いていますが心は青春です。わっ、はっ、はっ」と笑って、明るくおっしゃったことです。
シュトルム神父様の所に生活しに行きたかったこと、それを実現できたことは感謝で

いっぱいです。

　電話でも「希望を失わないでイエズスの御心をもって健康にあずかることができるように祈ってください」と言われました。

「あなたはピアニストになるまで厳しい、苦しい道を歩みました。信仰の道はそれに似ています。イエズスから苦しみを習う。ピアニストになったように、正常になりますように。苦しみの中にいながら、キリストの御心と幸せを得られますように。私の切なる祈りです」と私を祝福して下さいました。

　私はウイーンやクラクフで皆の前でピアノを弾いてきましたが、日本に帰ってからはホテルでは母との連弾を含め、学校関係者から頼まれてピアノを弾くか、ある教会で頼まれてピアノを弾くことしかしておりませんでした。もちろん他にもありましたが小さなことです。知っている方々の前で弾くことはとても嬉しいことです。こうして黒澤様にも神父様のように聴いて頂いたことは、とても嬉しいです。有難うございました。

　お話いたしましたが、「聖霊来たりたまえ」をなぜ歌うようにと勧められたか、そのわけは私は苦しくて大変だった時に、神父様から「あなたのピアノを聴くとあなたの中に潜んでいる力がある。今は谷間を通っている。それは自然の状態。これ以上悪くなることはない。あなたは谷間を何度も経験しているので、這い上がることができる。苦しみと幸せは相いれないわけではない。あなたは主イエズスに結ばれている聖霊に祈って下さい。「聖霊来たりたまえ」を歌ってください。人は苦しみや病気によって心が清められる、信ずることは実現されます。私は主イエズス・キリストに、セシリアさんのために最も良いことを祈っています。悲観的になった時は、自分にとって慰めになる詩や歌や言葉を読みなさい。最高の精神は、信仰によって与えられる。信仰は魂の祈りだ。

私は脱出する方法が分かりました。そして自分の心の内的な痛み、生きる目的、神様に任せる心の祈りの精神を学び、病気を克服しました。次の九首は神様を思って作った短歌です。

この年も多くの人に祈られて病気のわれは生かされており

（以下、省略）

〈書簡 B〉

私の未熟な手紙でなかなか読みづらかったと思われたのですが、お話するときは、どうも緊張するので、お手紙の方が考えながら書くという利点もあり、私はもう少しシュトルム神父様との思い出をたどってみたいと思います。

絵葉書のお便りにもありますが、多分、読まれて、シュトルム神父様のお考えになっていることがそのまま直接伝わってくるものだと思います。私も何度も読み返しました。私にとって宝です。

神父さまが二〇〇一年にギックリ腰をなさった時、お見舞いに二戸教会を訪問しました。

その時私は、シダとオトギリ草油を頂きました。この方法は、
1、患部にオトギリ草油を塗る。
2、シダ液のタオルをビニールに貼って寝る。
この日、おっしゃったことは
1、ロザリオを握る。握るだけでも良い。
2、イエズスと共に戦う。
3、短い祈り。悪魔たちは妬ましく思って試している。悪魔の影響がある。戦ううちに祈り続けること。これも試練で、治るまで続けなさい。精神的な気落ちなどが治るまで。「我を悪より救いたまえ」と祈る、すると戦うのは嬉しくなる。要するに力、強い祈りとなる。悪魔の攻撃に遭わないように負けないように祈ることが必要である。
4、欲望に負けて自分で後悔するのは、不忠実、くじけやすいということである。
5、あまり物質にとらわれてはいけない。五感が働くからすぐ捨てなければならない。
6、自分に対して忍耐すること。
7、心の裁きに対する忍耐、自分をコントロールすること。
8、身体は魂を容れる器である。

9、何で病気になったか医師は知らない。神しか知らないことは説明できない。

10、主イエズスの身になって悪魔を退ける。何度も繰り返す。場合によっては、悪魔を払いのける。

11、聖母にならって祈り続ける。命令する。二〇分から三〇分。戦うのは楽しみ、大きな喜びになる。霊的、内的な象徴である。戦う前に勝利する。

12、誘惑は人間そのもの。中には悪を行う心がある。動物のように。

13、物質を動かすことが出来る。霊は直接、魂を左右できない。自分を悪いと思わないで、セシリアさん。

シュトルム神父様は語っておられました。

「音楽は天の門です。天国は音楽で満たされています。私は感情的な人間で激しいのが好きです。それを隠しているだけです。音楽は信仰と似ています。音楽は言葉と同じく、目に見えるものではありません。音楽をしている人の姿を見たい」と。

そして六月もスノーマン、ロシアの作曲家メトネルを聴いて頂き、何度も、何度も有難うと私におっしゃり、抱いて頂いたのです。

七月にいらした時、モーツアルトのロンドを弾きました(Mozart Rond a-moll)。病あるも、イエズス・キリストを通して喜び合おう。共に続けて下さい。

そしてこの時私は、病あるも人に喜んでもらえるような人間になりたいと思いました。

葉書に書かれているかと思いますが、涙についてもおっしゃっています。

「祈りの時の涙は魂の中の清めの印です。聖霊の御働きの印です。涙そのものは貴重なものではなく、貴重なものは魂の中の聖霊の働きです。それに感謝しなければなりません。魂の中に起こる尊いことが体に影響し、体は涙をもって応えます」と。

シュトルム神父様はよく涙を流されましたが、聖霊が働いておられるからだったのです。私のピアノを聴かれておられる時もそうでした。いつもピアノをイエズス・キリストと思って弾くように。苦しんでいる人にも聴いてもらえるように。健康な人ばかりでなくて。そして神の忍耐力、私の手は魂だと。

私は大病を幾度もして、東京でも集中治療室に何日もいて治療して生死をさまよった時もありましたし、苦しみ、痛みで大変な時もありました。もちろん今も、治療中の病気もいくつもあります。しかし、こうしてシュトルム神父様がいつも大きな愛で私を包んで下さいました。これは私の人生の救いであり、神の愛、天使の癒しでもあったと今は感じております。今は心も明るくなり、生きる目的も見出しています。神様の夢も見ます。自分が清くなるためにピアノは弾いているのであり、音楽の素晴らしさを自分も、他人も知りたいことで、欲を出すとピアノを弾いてもサタンが来ると思っています。音楽を聴いてもらい、平和になることだと思っております。神父様はおっしゃいました。

「あなたは病気したことによって一八〇度、人生の道が変わりました。自分で楽しむ楽しみ。ピアノは心の富です。ギターも心の富で人に聞かせるものではありません。理論の頭だけではだめです。祈らなくてはなりません。私はセシリアさんと一緒に暮らしています。ピアノを聴くのは楽しい。イエズスの悲しみと共に捧げましょう。」

私は中学一年の時初めて神父様にお会いしました。ずいぶん長い期間、入院し退院後もお話を聞きに二戸に行きました。しかし、自分のことで一杯でしたので詳しい話は覚えておりません。小学校の時から、カトリック信者の長岡輝子さんの朗読したカセットを聴き、妹たちと夜、寝る前に聖書物語（旧、新）を毎日聴いていましたので、その影響は強かったのでしょう。長岡さんは自宅にいらしたこともあります。

ヨーロッパに行っても聖歌隊員といろいろ演奏して回りました。ポーランドのクラクフでは、毎日礼拝堂で皆と祈り、入院中何人かの神父様のお話を聞き、講義も受けました。一人の神父様は、毎夕、私の所に来て下さいました。神学生とも知り合い、祈祷書も頂き、毎日祈りました。ポーランド語もドイツ語も感覚や音で耳から覚え、何とかなりました。後に講習で学校に通いましたが日本人一人で大変でした。今思うと、皆から親切にされたことで何とかやり通すことが出来ました。今はドイツ語でなくポーランド語をやっておりますが、悪戦苦闘です。

セシリアの今

現在も彼女は、相変わらず病に苦しんでいる。しかし、精神的にはあの鬱々とした日々から解放され、意欲をもって明るく暮らしている。母も「セシリアは壊れやすいガラスのような娘でしたが、今は簡単なことでは割れない、強いガラスの器になりました」と言う。ちなみにこの母も直腸がんのステージ三を克服、明るく感謝の日々を生きている。セシリアと母は気心の通じた友人のように仲が良い。

セシリアを支えている最も強い力は二戸教会のシュトルム神父から受けた愛であり、その教え、信仰である。シュトルム神父が彼女の悩みを聞いてくれたこと、彼女のために祈ってくれたこと、帰天された今でも、彼女のために祈ってくれていること、その信仰が彼女を強くしている。

VI

シュトルム神父語録から

神父は深い沈黙（祈り）に生きた人であったが、反面、快活に、力強く話して倦《う》むことがなかった。その話題は宗教のことに限らず（宗教のことで言えば、今の教会と違うのは、聖人についてのお話が多かったことである）、ご自分の思い出や体験、政治や社会、哲学や音楽、植林のことなど、実に豊富で味わい深いものだった。私はいつの間にか、それをメモするようになった。初めは教会から帰ってから思い起こして書いていたのだが、よく思い出せない。そこで了解を得て、話されるその場でメモするようになった。お話を書かれるというのは、神父にとって、煩わしい、迷惑な事であったろうが、快く（であったか？）了解して下さった。

以下に紹介する語録は、神父が御ミサの時の説教や日常の談話の中で語られた言葉を「信仰」と「聖人」の二つのテーマに絞って、見出しを付けてまとめたものである。生涯を宣教に捧げた神父の信仰を理解する参考にして頂ければ、と思う。

A 信仰について

信仰は母から

私の信仰は母からもらいました。母の感化は限りなく大きい。人間を育てる時、女性の力は誠に偉大です。

宣教

日本ではキリスト教の宣教活動のために、幼稚園を作ることから始めるでしょう。でもあれは間違いだと思います。大人への宣教が一番大切です。

祈り

祈りは相手に届きます。魂の交流があります。魂は体に制約されません。魂の最高の力は愛に生きることです。愛によって魂は溶け込むことが出来ます。愛しているなら魂に影響があります。これは最高の教育です。私たちはイエズスの神秘体として互いに結ばれています。マザー・テレサのような人を見ると、イエズスが共にいること、今でも人間において生きていることが分かります。いつの時代にも、新たに特別なカリスマのある人が現れます。イエズスの誠のしるしです。

聖母マリア

聖母マリアを大切にして下さい。日本を救うために。秋田の聖母マリアは日本のために泣いています。ヴァスーラの日本についての預言でも、聖母マリアの優しい目は日本にあると言っています。ロザリオを唱えている人はぜひ、それを続けて下さい。

ロザリオ

私がすべてを置いて休めるのは、ロザリオを唱える時です。不思議な単調な祈りですが、自分をイエズスとマリアの前にさらして、二人の影響を受けたい。その露を受けて休み、そして蘇《よみがえ》りたい。これ以上良い休息、レクリエーションはありません。

マリアへの信仰

一日に少なくとも、一度は「めでたし、聖寵《せいちょう》満ち満てるマリア…」[注]というマリアに対する挨拶をしてください。そうすると良い気持ちが続けられます。私たちは間違いを犯しやすい存在です。母は子供が間違いをしないように保護します。しかし、子供の心を保護することは出来ません。ですから、もう一人の母が必要です。それが聖母マリアです。わたしは自転車に乗って畑に行く時、いつも唱えています。自然に浮んできて、それは一つの習慣のようになっています。喜びともなっています。イエズスは「私の平和を与える」と言いました。「めでたし聖寵《せいちょう》満ち満てるマリア…」と天使祝詞（アヴェ・マリアの祈り）を唱える時、その平和が与えられるような気がします。それは心に刻まれた内的、霊的な賜物で、世の人がもっていないものです。

（注　天使祝詞（アヴェ・マリアの祈り）は現在、以下のように唱えている。
「アヴェ、マリア、恵みに満ちた方、主はあなたとともにおられます。あなたは女のうちで祝福されご胎内の御子イエスも祝福されています。神の母聖マリア、私たち罪びとのために、今も死を迎える時も、お祈りください。アーメン」

カリスマの人

聖書を読むと、初代の教会はカリスマ[注]の人に導かれていたことが分かります。現代人はこのカリスマを疑い、神から遣わされた人を疑います。病気が治った人はイエズスのおかげだと分かっても、他の人は科学的な解釈を求め、イエズスからもらったカリスマだと認めません。

（注「カリスマ」はギリシャ語で、神から与えられる特別の賜物をいう。

聖霊

聖霊の力によって奇跡が出来ます。しかし人々は霊的な、超自然的な世界を信じなくなったため、信仰は力を失いました。

祈り

祈っても聞きいれられないのはどうしてでしょうか。自分の楽しみを願うからです。イエズスが私たちに与えるのは、霊的な糧です。それを願えば聞き入れられます。自分の利己的なものを祈っても聞き入れられません。

祈る時、誰かに対して許さない心、憎む心があれば、祈りは聞き入れられません。感情的に許せなくても、頭で許す。感情を除くことは出来ません。それはそれでいい。神は感情を見るのでなく、魂を見ます。魂が正しければそれでよい。私たちの祈りが聞き入れられたいと思うなら、相手を許す必要があります。

許さない心の裏には裁く心が潜んでいます。イエズスは「裁くな」と言いました。裁くのは神にしかできません。相手を裁かず、許すことは祈りが聞き入れられるための条件です。

仕える

一番偉くなりたいと思ったら、他人に仕えることです。教会は昔から、親のない子供を引き取って世話をしてきました。マザー・テレサも仕える人でした。

マリア

私たちはマリアの影響を受けることが出来ます。マリアの両手から光線が流れ出ます。その光線に照らされてマリアの影響を受けたいと思います。マリアから流れる力が私たちに届きます。キリスト信者として聖母マリアに対する温かい心が必要です。マリアを大切にしないカトリック信者は物足りない。大林瑠奈さんはマリアの子供でした。すべての困難の解決をマリアに求めました。自分の困難もありました。それが好転したのは、聖母マリアのお祝いの時でした。

ヨゼフとマリア

ヨゼフはマリアが身籠《みごも》っていること、それに人々が気づいたことを知っていました。ヨゼフは自分の子供でないことが分かっていました。このような時、その女は石殺しにされました。しかし、ヨセフはマリアを愛していました。石殺しにされることに耐えなかったからマリアを守ることを選びました。これはヨセフの正義の現れでもあります。今、全世界でクリスマスを祝っています。それは「仰せのごとく我になれかし」とマリアが言ったことに始まります。

マリアは天使ガブリエルの言葉を聞いてそれを受け入れました。もしマリアが断っていたらキリスト教はなかった。

神は決して人に強いることはなく、ただ提案するだけです。私たちは神の提案を受け入れその御旨《みむね》を果たすべきです。それは多くの場合、小さく、つまらないように見えます。しかし、それはイエズスのもとに入って、大きなこととなります。小さく見えることは実は大きいのです。私たちに小さく見えることも、神の目から見れば大きい。神にとって小さいことはない。子供も初め、お腹の中にいる時は目に見えないほど小さい。しかしそれが大きな人間になる。

私は大きなことを求めません。小さなことで満足しています。大きなことを求める人間は逆に小さなものとなってしまいます。

司祭

司祭は神と人との間に立っています。司祭の第一の義務は祈ることです。世間的な交際が苦手であっても、そういう司祭なら許すべきです。私の姉が主任司祭について文句を書いてよこしたことがあります。私は、「告解も出来る、ご聖体も頂ける、それで何が足りないのか」と返事を書いたことがあります。

霊

霊界は存在します。それは神の世界で、そこに入ると人間は良い方にかわります。人間は完成していません。進化の途中にある未完成の存在です。完全な神の子になるはずでしたが、そこまでいっていないのです。霊界には良い霊界と悪い霊界があります。どちらに行くのかはその人の生涯で決まります。

魂と病気

多くの病気は精神からきます。病気になるのは魂を満足させないからです。魂は泣いています。「人はパンだけで生きるものではない。神の口から出る一つ一つの言葉で生きる」という言葉は、この魂のことをいったものです。

魂

アダムとイヴ以来、亡くなった人たちの魂は皆生きています。人類が始まってから今に至るまで、一体どれほど多くの人が亡くなったでしょうか。体は滅びます。しかし、魂は永遠に生き続けます。

その魂はどのようなものか。それは生きている時のことによって定められます。私たちはいつも滅びるもののために働いています。しかし、永遠に生きる魂のために何をしているでしょうか。イエズスは私たちのために来られました。しかし、私たちは魂の世話をしない、養わないために魂が貧弱になり、病気になり、また死んでしまっています。

イエズスは「私は命である」と言いました。イエズスは私たちの魂を生かします。イエズスはまた、「私は真理である」と言いました。それは魂と永遠についての真理です。私たちはいつもこの世に満足できず、何かを求めています。

魂は神を求め続けています。その魂の願いに応じましょう。

許すということ

キリストの教えた祈りに「私たちが人を許すように、私たちの罪をお許しください」という一節があります。この教えは旧約時代にもありましたが、キリストは許すことを非常に大切にしました。他人を許さなければ自分も許されない、これは一つの真実として私たちの胸に刻んでおかなくてはなりません。

一般的に言って、信者でない人に「許す」ということがあるでしょうか。犯罪の被害者になった時、私たちは心の中に復讐心を持ちます。この復讐の観念は非常に強いものです。

私の姉はオートバイにひかれて死にました。しかし、姉の子供たちはその加害者である青年に何の憎しみも持ちませんでした。甥の一人は「あの青年は事故を起こしてかわいそうだ」とさえ言いました。お金を求めるということもありませんでした。愛する母はその青年のために、命を奪われたのに、憎しみはなかったのです。甥たちは良いキリスト教信者だと私は思いました。

許すのは神の特徴です。神は私たちの弱さを知っているので許してくれます。しかし私たちには、復讐心や許したくない、という固い心があります。それを自分の力で乗り越えるのは困難です。許すのは自分の力でできるのでなく、神の力によります。許すことができるようにイエスの力が働いているのです。

信者でない一般の人は、「許す」と言わず「忘れる」と言います。しかし、完全に忘れることが出来るわけでなく、機会あるごとにその復讐心が出てきます。

私たちはイエズスの心に与《あずか》り、イエズスと同じ心で許すことが出来るように願わなくてはなりません。許すのは、一番の隣人愛です。

人に何か恵むのはわりあい易しいことです。しかし許すのは難しい。許すのは聖なるものとなる早道で、憎しみを持たない人は清い人です。人を許さないという気持ちのある人は、心の清くない人です。許すのは夫婦でさえ難しく、時に許し難い時もあります。

しかし日が沈む時、怒りや許さない心もおしまいにしなくてはなりません。特に夫婦の間では、許して眠りにつくことが大切です。それは次の日の準備です。

報いを求めない

マタイ二〇章のぶどう畑の主人のたとえは素晴らしい。主人は一日一デナリオの約束で働く人を雇った。九時ごろから働いている人が、「夕方五時頃から働いている人も同じ一デナリオをもらうのですか?」と文句をつけた。それに対して主人は、「私は五時から働いている人にもあなたにも同じ賃金を与えようと思っている、自分のものを自由に使ってなぜ悪いのか?」と答えました。

仮にスイスからチョコレートが届いたとします。私がそれをAさんに五枚、Bさんに三枚、Cさんに一枚上げたとします。それに対してCさんがどうしてそんな差をつけるのか、というのは正しくありません。何枚やろうがそれは与える人の自由です。それに文句をつけるのは間違いで、多くもらおうと、少なくもらおうと「有難う」と言わなくてはならないはずです。

私の一番上の姉はシスターで、二八歳で亡くなりました。私は今、七八歳で、神の国のために働いています。姉の三倍以上生きていますが、だからと言って三倍以上の報いがあるわけではありません。「自分は良いことをした。だから神は報いてくれる。神の保護のもとにうまくいく」などと私たちは考えやすい。しかし、イエズスは洗礼を受けることでうまくいく、などとは約束しませんでした。それどころか、私のために嫌われる、と言いました。

報いを求めるのは愛ではありません。神に報いを求めず、主人に仕えるように仕える時、それにふさわしい報いが与えられるでしょう。しかし、これは契約ではありません。

若い時に洗礼を受けた。しかし、しだいに緩《ゆる》くなってしまった人がいたとします。一方、生涯の終わりになって洗礼を受けた人がいたとします。後者が最初に救われ、前者が後になります。洗礼を受けてもやがてそれを失う人もいます。しかし、そういう人を裁くことはできません。イエズスのみ心に任せるしかありません。キリストと共に生きる、神と共に生きることは人間の幸福です。

献金するとかしないとか、教会に来るとか来ないとかで差別するとしたら、それは愛ではありません。神父と親しい人も、親しくない人もいます。もし、神父がこの人は好きでないから、と差別するなら愛ではありません。イエズスは誠の愛を望んでいます。その誠の愛に向かって進んで行けば、すべてを超越し心の平和に達します。

イエズスが私たちのうちに宿ることによって、愛することが出来るようになります。それは私たちの力では出来ないことです。イザヤ書にいうように、愛の観念は私たちを高く育てます。

キリスト信者の心

パウロは「フィリッピへの手紙」の中で、すべて真実なこと、すべて気高いこと、すべて正しいこと、すべて清いことを求めなさい、と書いています。それは誠のキリスト教信者の心をいっているのです。

また、どんなことでも思い煩うのはやめなさい。何事につけ、感謝をこめて祈り、願いなさいとも言っています。

私たちは罪から解放されて誠の自由を得ることが出来ます。罪とは、心の中で欲望や愚かな考えに束縛・支配されるということであり、本当の自由がないということです。

ユダヤ人

マタイ福音書で、主人と農夫のたとえがあります。主人はブドウ畑を作って農夫に貸しました。主人は神で、農夫はユダヤ教の長老や支配者です。主人は収穫の時、下男を送りました。しかし、農夫たちはその下僕を殺してしまいました。これは預言者を殺した、ということです。預言者は迫害され、死刑になりました。捨石が土台に、別な教会を作る土台になりました。

ユダヤ人はイエズスを否定し続けました。ところがユダヤ人の中からは、どの時代においてもキリスト教に信仰を変える人が出ています。また、ユダヤ人の中からイエズス以後、預言者は出て来ません。神はその一人子イエズスを世に送って以来、預言者を送りませんでした。イエズスは最後の預言者でした。ユダヤ教はキリスト教に抵抗があり、現在でもキリスト教徒は差別されています。パウロはユダヤ人でしたが、自分の民族を思い、私が地獄に行くことでユダヤ人を救うことができるとしたら、地獄へ行くとさえ言っています。

神はユダヤ人をとがめて頑《かたく》なひねくれた人たちよ、と言っていますが、誰にでも神に逆らおうとする傾向があります。

天国と地獄

マタイ二五章の一節から一三節。ここで言っている乙女たちのたとえ話は、私たちの死のことを言っています。婚姻は天国のたとえです。花嫁が遅れてなかなか来ない、いつ来るか分からない。それは私たちがいつ死ぬか分からないということのたとえです。灯は神の恩寵《おんちょう》(恵み)のたとえです。私達の心が燃え続け、消えないようにするためには、油を備えておかなくてはなりません。油は毎日の祈りです。

乙女たちは油を分けてください、と言いました。しかし、それは分けることが出来ません。他人から借りるわけにはいかないのです。愚かな乙女たちは、遅れたために婚姻の宴にあずかることが出来ませんでした。

イエズスは「目を覚ましていなさい。あなた方は、その日、その時を知らない」と言いました。私たちは間違いなく、絶対に死ぬことを知っています。これほど確かなことはありません。これに比べると、私達の計画していることは不確かな単なる空想です。昔の聖人には、一日の初めに死ぬということを考えるという人がいました。

天国や地獄については、さまざまな考え方があります。私は個人として、天国に入ると、永遠に宇宙万物の中で、何かの役割が与えられるのではないかと思います。神と共に働くのは、最高の喜びで、神のもとにいて自分を生かすに最もふさわしい仕事があると思います。

反対に、地獄に行く人は失業者のように退屈この上ない。神の創造に与《あずか》ることが出来ません。これは悲しいことです。ドイツ語にもロシア語にも「地獄のように退屈だ」という言葉があります。退屈…、それは地獄の最高の苦しみだというのです。

聖書には、人は神に仕えるものだということが繰り返し述べられています。地獄は永遠の退屈で、自分が無意味だと感じることです。しかし魂は永遠ですから、自殺することも出来ません。

天国のことを考えるのは、一つの励ましになります。しかしその反対に、地獄についても考えたほうが良いと思います。私たちは永遠の幸福に与ることが出来なくなるかも知れないのです。

主、イエズス、私たちの心を天国に向かわせて下さい。油が無くならないように、神との交わり、優しい交わりが出来ますように。

待降節

待降節（クリスマス前の四週間）の意味は、第一に、イスラエル人が救い主を待つということです。第二に、未来においていつイエズスが現れるか、現れるイエズスを待つということです。私たちはイエズスを直接見ることができません。しかし、それでもいつもイエズスがいることを信じています。しかし、いつイエズスを見るのか、いつイエズスが現れるのか。世の終わりでしょうか？　そうではありません。世の終わりは人類を最終的に裁くことですがそれはずっと後のことです。

私たちが死ぬ時、その時こそイエズスが現れる時であり、それはきわめて近い未来です。

平和的な布教

スペインは強制的にインディアンに洗礼を授けようとしました。しかし、イエズス会は、信仰は自由な自発的な心からでなければ価値がないと考えました。[注]

洗礼を強いて授けることは出来ません。スペインの王はインディオの人々を迫害しました。教会は力がなく、王に負けました。スペインのカトリック司祭、バルトロメ・デ・ラス・カサスはエンコミエンダと呼ばれる植民地支配の制度に従って広い土地を与えられ、労働者として使役しました。またインディオをキリスト教に改宗させましたが、その一方でその制度は残虐な、不当なものであると告発しました。

当時は宣教、宗教は政治と結びつき政教一致になっていました。教会の良い意向は利益を求める世間の人々によってないがしろにされました。

（注　私は二八歳の時に洗礼を受けたが全く自発的な意思によるものである。しかし、歴史をふりかえってみると、カトリックがいつも神父のいうように「自由な、自発的な心」を重んじて布教してきたわけでない。特に大航海時代、宣教師たちは地域の文化・信仰・習慣などを蔑視し、全面的に否定し、キリスト教の信仰を強制した過去がある。

ラス・カサス（一四八四〜一五六六年）は、母国スペインによる先住民虐殺の実態を見て告発、スペイン支配の不当性を訴えた。エンコミエンダ制度の廃止を主張した。エンコミエンダとは、征服者、入植者がその身分や功績に応じて一定数のインディオを割り当て、労働力として使役すると同時に彼らを保護してキリスト教に改宗させるという制度であった。ラス・カサスは、また『インディアスの破壊についての簡潔な報告』（岩波文庫）を書いてスペインの植民地支配の不当性を告発したが、それによって熱い支持・共感を浴びたが、一方で激しい批判・中傷を浴びた。なぜ、国（スペイン）の利益に結びつくことを批判するのか、国の不利益になり国の名誉を傷つけるのかと。ラス・カサスは「インディオの使徒」「インディオの保護者」と呼ばれている。

宣教師は、信じる宗教を伝えるために所属する共同体（国）を離れて活動する。宣教師という言葉は、ギリシャ語でアポストロス、ラテン語でミッシオ（misso）というが、それは聖書にある「全世界に行って福音を述べ伝えよ」というキリストの言葉に基づいて生まれた。キリスト教はその誕生の時から、全世界に向かって布教しようとする積極的な宗教だった。だが、植民地支配の時代、西洋人は圧倒的な文明の力をもって原住民を支配、その文化や人権を踏みにじるという過ちを犯してきた。

現在では、宣教師は単に教えを伝えるだけでなく、派遣された地域の経済的発展や教育水準、衛生水準などの向上に取り組み、新しい信者の獲得という見返りを求めず、純粋に利他的な生き方を範として示さなければならないとされている。

B　聖人について

フランシスコ

一三世紀に異教がはびこり人々は教会から離れ、信仰の混乱が生じていました。そういう時に立ち上がり人々に説教したのがフランシスコです。フランシスコというのは、イタリア語でフランス人という意味です。商人だった父はしばしばフランスに行き、フランスが好きでした。フランシスコが生まれた時、母はジョバンニと名付けましたが、父はそれをやめさせたのです。母はフランス人でピカと呼ばれていました。フランシスコという名は、霊名として珍しいもので、彼以前にそういう名はありませんでした。名前はシンボルのような不思議さを持っています。

フランシスコは教会と争わず、ただイエズスの心を身に着けて活動しました。彼は弟子を持ち、その弟子たちを兄弟と呼びました。しかし、それを組織化するのは下手でした。何千人にもなったこの組織に、パパ様はルールを与えました。教会はそうしてフランシスコを救いました。鳩のように単純で、ヘビのように聡くといいますが、フランシスコは鳩のように単純でした。教会は蛇のように賢く、新しく修道会を作る時には、そのルールをローマに送らなくてはなりません。

フランシスコは病気で悩んでおり、何千人という弟子を管理することはできませんでした。そのため弟子にそれを任せました。弟子にはその才能がありました。皇帝と関係があり、世間的な才能がありました。弟子はフランシスコを師としてフランシスコ会を作りました。フランシスコは無所有でした。貴族から山をもらいましたが、山の所有権も書きませんでした。フランシスコは不思議な人です。彼のおかげで教会の刷新がなされました。

パドレ・ピオもフランシスコに似ています。キリストの傷をもらい、聖痕《せいこん》を受けました。ピオは政治的な共産党の指導者はピオ神父のおかげで共産化が進まないとぼやきました。ピオは政治的な活動をしたわけではありませんが、その精神は全イタリアに及んだのです。

フランシスコは女性の独身者を修道院に入れました。そこに聖クララのような人が現れました。第一は男子修道会、第二は女子修道会、第三の修道会は世俗に生きる人たちと三つの階層を作りました。『神曲』を書いたダンテも第三階層の人でした。私の母もその一員でした。第三階層の中から多くの司祭や修道女が生まれました。

フランシスコと動物の関係は不思議なもので、彼の所には多くの動物が現れました。小鳥が彼の肩に乗りました。ジュピオ地方にひどい狼がいました。フランシスコはそれを聞いて狼と会い、狼に話しかけました。そして町に連れて行って、「これからこの狼は人々に害を加えない。その代わり、この狼に餌をやるように」と言いました。町の人たちはそれを守り、狼を大事に養いました。狼が死んだ時、教会の中に葬りました。百年ほど前に歴史ブームが起こって、この伝説が真実かどうか調べました。教会には狼の骨が発見されました。

イエズスも砂漠に過ごし野獣と暮らしていたと聖書にあります。この点でフランシスコに似ています。聖書学者はこれは本当でなく、イエズスがパラダイスの人だったことを象徴的に表したものだと言います。しかし、フランシスコの例から考えると、その通りの事実かもしれません。

ムツゴロウ（畑正憲）も不思議な人です。動物の心を理解していますが、それが動物にまで通じる心を持っている人は少ないものです。パウロの書簡に、「被造物は神の子の現れるのを待っている」とありますが、フランシスコはその例かもしれません。

人間は動物から進化したものですから、動物とどこか通じているはずです。いつ、どのようにして人間になったか、それは謎です。人間は99％は動物ですが、1％だけ動物と異なっています。その1％が大切で、どんなに猿を研究してもその謎にぶつかります。

フランシスコは歌手のように素晴らしい声を持っていました。いつも歌っていました。魅力的な声でした。母はフランス人で、フランシスコはフランス語で歌っていました。フランスで流行歌を習って、アシジでヒットしました。彼はたった一つだけ、イタリア語で歌を作りました。それが「太陽の歌」で、歌として作ったものですが楽譜がないのでどんな歌かは分かりません。その歌の中に、死ぬ時に死をたたえる一節を作りました。彼は宇宙万物を兄弟と見ていましたが、最後に死を兄弟として迎えたのです。

フランシスコの父は息子に商人になることを期待していました。息子がいると商品の売れ行きが良かったと言います。しかし、フランシスコは父と決別しました。

フランシスコはキリストの声を聞いてサンダミアノの教会を起こしました。教会を起こすために絹を売り、お金をたくさん持って教会に行きました。神父はそのお金は怪しい、受け取れないと思いました。フランシスコはお金を置いて去りました。父は絹が盗まれたので怒りました。父は裁判にかけようとしましたが、フランシスコはこの世の人でないから、裁判には出ないと言いました。教会の裁判の時フランシスコはお金を返し、自分の着ているものをすべて脱いで返しました。司教はマントをかぶせました。父はフランシスコを呪いましたが、教会は最後までフランシスコを保護しました。司教がマントをかけたというのは、教会の保護を示しています。

アシジでは初め、フランシスコを気違いだと人々は言いました。しかし聖人と認定された後、その死体が盗まれないように注意しなくてはいけないほどでした。多くの人が彼の服を争って奪い合うので、裸になるほどでした。

「イエズスがこの世にいる」ということをフランシスコやパドレ・ピオは示しています。

聖書、聖書と言いますが、聖書の解釈は聖人たちです。聖人によって聖書が証明されます。聖書を読むと、面白くないこともあります。聖人伝をもっと読むべきです。

テレジア

「小さき花のテレジア」は一八歳でなければ修道院に入れないのに、特別な許可をもらって一五歳で入り、二四歳で亡くなりました。病弱で苦しみの多い生活でしたがキリストの子供として完全な従順のうちに生きました。彼女は詩を作っていて、それを見ると自然について豊かな感受性をもっていたことが分かります。民衆は彼女を聖人と考えました。彼女は多くの奇跡を行い、人々のために生きました。完全に無我であり、自分のためには一切祈りませんでした。彼女を通して苦しみと愛が一つのものであることを教えられます。フランスは愛の国です。ベルナデッタといい、テレジアといい、フランスは本当に優れた女性の聖人を出しています。その愛は完全な自己否定の上に築かれるものです。

テレジア

私はカルメル会を作った「小さき花のテレジア」を大切にしています。テレジアは修道院の年長者に命じられて「自伝」を書きました。己を捨てて、キリストに場所を譲りました。テレジアを見舞った修道女に、「バラの花びらを下さい、天国にバラの花びらを撒《ま》きます」と言いました。

私の姉は二八歳でなくなりました。結核で焼けるような苦しみを味わいましたが、テレジアも結核で同じような苦しみだったでしょう。

人間の生涯に苦しみは大きな役割を果たしています。苦しみを拒むことなく自発的に受け入れる。それはキリストと共に生きることです。キリストは体をもって私たちを救いました。体の役割は、信仰において大きなものです。

子供、テレジア

イエズスは「子供のようにならなければ天国に入れない」と言いました。昔の子供は家が貧しかったので、家の仕事の手伝いをしなければなりませんでした。今の子供は、勉強やテレビゲームばかりで、物と具体的に接触することが少なくなっています。昔の子供とそういう点で違いがあります。

昔も今も変わらない子供の特色は何でしょうか?

それは「子供の心はロジカルだ」ということではないでしょうか。例えば子供は、「死んで星になる」というと死ぬことさえ厭《いと》いません。大人は見栄やそのほかさまざまな感情に支配されていますが、子供はまっすぐな心をもっています。

また子供はいつも現在のことに集中して、一瞬一瞬に生きています。完全に現在に生きているというのは、その精神が自分のなかにあるということでしょう。神は心の中にあり一瞬一瞬に生きるというのは神と共に生きるということです。

禅も現在に生きるという教えで共通していますが、キリスト教の場合、神と共にいるという目標がある、という点に違いがあります。神は愛の源であり、禅にはその愛がないので物足りなく感じます。

テレジアは子供のような生き方に徹した聖人でした。テレジアは前世紀の人でしたが、現代人のような悩みを持っていました。このように「聖人」は、「時代を先取りして前もって生きる人」であり、そのカリスマは現代人に、これからどうすべきかを示す点にあります。

聖人と共に

生きている人はどんな良い人でも「聖人」とは呼ばれません。生きている時は「聖徒」で、死後、特別な徴《しるし》があったことが確かめられて、初めて「聖人」と呼ばれます。私は毎日、数人の聖人と暮らしています。私は見える人と共に暮らしていますが、見えない人とも、共に生きています。私は天国の聖人と話し合うのが好きです。特に小さき花のテレジアが大好きで、毎日、幾度でも思い起こして教会のことを頼んでいます。聖ベルナデッタも大好きで、ロザリオを唱えることが出来るように、また念を入れて十字を切ることが出来るように頼んでいます。また聖金曜日を大切にしているので、アラコック[注]に頼んでいます。皆さんにも、聖人との交わりを勧めたいと思います。

私たちはすでに天国にいます。天国に繋がれています。人類が誕生して二〇万年になると言われますが、あの世に行った人の数はとても多い。天国は私たちとつながっています。一人の亡くなった聖人を選んで思い起こして交わることは、心の糧となります。現代にも素晴らしい聖人がいます。しかし、生きている間、それはわかりません。けれども、どれほど素晴らしい聖人が生きているかと思うと、嬉しくなります。その聖人の素晴らしい姿に憧れを持って幾分でもそれに近づけたら幸いだと思います。

（注　アラコック（聖マルグリット・マリー・アラコック）は一七世紀のフランス、ブルゴーニュに生まれ、イエズスの御心に感謝と贖罪の務めを果たすように説いた聖女として知られる。

コルベ神父

誰でも皆、愛において完成されなくてはなりません。どの人の生涯も誠の愛に達するまでの試練です。

コルベ神父が一人のために命を捧げた時、愛の極みに達しました。他人のために命を捧げることが最高の愛です。かれはフランシスコ会の中でも一番のマリア狂いでした。そのため、時として、イエズスを忘れていると批判されました。しかし聖母マリアは、イエズスを育てたように、もう一人のイエズスを育てました。コルベ神父の選んだ道は正しかったのです。ただし、それは自分の力でできることでなくカリスマによるもので、普通のことではありません。

聖人は時代の先駆者ともいえます。コルベ神父が聖母マリアを大事にしたのは、戦後のフェミニズムに備えたと解釈することも出来ます。

ナチスが一〇人を選んで餓死させようとしたとき、一人の男が自分には妻子がいると言って泣きわめきました。その時コルベ神父は、その男の代わりになりましょうと申し出ました。憲兵はどう感じたでしょうか？　ボスにそのことを告げ、二人はただ笑っただけでした。他人のために命を捧げるということを二人は全く評価できなかったのです。

ドイツは当時、世界最高の科学を誇っていました。しかし、学問によって人間が良くなるわけではありません。ヒトラーによって多くの学者は殺され、また逃げました。ナチスは人間性の敵となり、ユダヤ人五百万人、ポーランド人六百万人が殺されました。戦後、ドイツは世界一の国ではなくなりました。

人間の価値は誰が決めるのでしょうか？　ナチスはそれは権力者が決めると考えそれを実行しました。年老いて寝たきりの人は何の役にも立たない、などというのは全く勝手なことです。動物でも、その動物が役立つとか、役立たないなどと人間が決めています。そしてその動物がいなくなって初めて、役に立っていることを知ります。身体障害者や寝たきり老人たちは、その周囲の人間の精神を育てます。

シューベルトは結核でした。もしそのために殺したら、音楽の世界は宝物を失ったでしょう。人間にはどんな価値があるのか、人間にそれを決める資格はありません。

聖母マリア

マリアに対する敬愛の心は、キリストが神だという信仰につながっています。マリアを大切にしないと魂に悪い影響が出ます。反対にマリアを大切にすると、魂に良い影響を及ぼします。ドン・ボスコ、コルベはじめ多くの聖人がマリアを大切にしていました。

ベルナデッタ

ルルドの聖女ベルナデッタは藪《やぶ》の中にマリアが現れても、それがマリアだと分かりませんでした。声は「私は無原罪のものだ」と言ったのですが、教養もない彼女にはその意味が分からなかったのです。そこで何遍も口で唱え、主任司祭に伝えました。

マリアは「ここを掘りなさい」と言いました。最初それは、濁り水でしたがやがて清水になりました。調査の結果、そこは水脈に当たっていることが分かりました。

マリアの出現で、ベルナデッタの顔は白く輝きました。マリアはベルナデッタに、ここに、一五回来るように言いました。彼女は行きました。しかし、二回現れない時があったと、正直に伝えています。彼女は正直です。無学な女性でしたが素晴らしい文字を書いています。一四歳でした。マリアは彼女に、この世では幸せにならないと言いましたが、その通りでした。修道院に入り院長に嫌われ、病気にもなりました。

しかし、死後永遠の幸福にあずかり、人々はその恵みを求めています。短い生涯で幸福にならなくても良い。この世で地位のあった人、金持ちが死後の幸福に与《あずか》るわけではありません。神の裁きは人の心を見ます。

マリアを大切にしているのはカトリック教会だけです。ヨハネの福音書には、イエスがマリアを大切にするように、と言い残したことが書かれています。マリアを教会にゆだねたのです。マリアは第二のエバであり、その踵《かかと》を噛むように、エホバの証人はじめ多くの新興宗教がマリアに反対しています。

ベルナデッタは死後、五〇年たって列聖されました。後に墓が掘られましたが、死骸は腐っていませんでした。

私の解釈ではこれは彼女が貞潔であったことと関係があると思います。結婚も尊いことですが、神のために性生活を捨てることも尊いことです。

民衆はベルナデッタを信じ、多くの人がルルドに集まりました。警察も調査しました。教会は最後にマリアの出現を認めました。偽物がたくさん現れますから、このように奇跡を厳しく判定するのは良いことです。

アガタ

聖アガタはローマの美しい教養ある娘でした。シスターになりたくて結婚を拒みました。しかし、相手のために拷問を受け、乳房を切断されました。一五歳の若さでローマで殉教しました。乳房の形をした「アガタパン」はそれを記念するパンで、昨日がその祝日でした。二月六日が霊名の祝日です。

VII

結び

本書において筆者はシュトルム神父の生活と思想を様々な視点、スタイルで紹介してきた。最後に締めくくりとして、筆者が神父を現在どのように見ているか書いておきたい。「弟子」の信徒として僭越、生意気にもなるが、在天の神父にお許しを願いつつ、一つの「シュトルム神父論」として書いてみたい。

シュトルム神父は音楽・文学・絵画・彫刻など、多彩な天分に恵まれた芸術家であった。しかし、ご本人も「私は芸術家と言われますけれど、根本として宣教師です」とおっしゃられたことがあるように、キリストの教えを人々に伝えることを自らの使命として生き抜いた。信仰への情熱は八〇歳を過ぎた晩年になっても、衰えることなく、熱く信仰を説き続けた。

それにしてもその晩年、神父は日本での生涯をかけた宣教活動についてどう考えておられたであろうか。

筆者は神父が深い祈りのうちにフランシスコ・ザビエルと語りあい、「なぜあなたの時代にあれほど多くのキリシタンが誕生したのに、現代の日本では信者が増えないのでしょうか」と問いかけていたことを知っている。

多くの人に洗礼を授けることだけが宣教師の任務ではない、少数でも良き信者を育てることできればそれでよい、という考えもあろう。それも一理ある。

だがそれにしても、人口約三万人の町で、日曜日のごミサに与《あずか》る信徒が平均して七人程度であったこと、また神父が洗礼を授けた人があまり多くなかった、という事実を思う時、寂しく感じられるのは筆者一人であろうか。

大胆な見方かもしれないがカトリックの信徒を増やすという点においては、神父の深い信仰も、並みはずれた教養や優れた人間性・聖徳もあまりに役立たずであったと思う。多くの日本人はキリスト教にあまり関心を持たない。田舎に行くほどその傾向は強い。神父は二戸カトリック教会に赴任した時、カトリックの信者がいないかどうか、キリスト教に関心を持っている人はいないかと家々を訪ね歩いて、結局一軒もいないと知って、がっかりした、とおっしゃったことがある。この信者の少ない寂しさ、キリストの教えを求める人の少ない寂しさを神父はしばしば味わい続けたのではなかろうか。

しかし神父は、信者が増えないがどうしてだろうか?などと愚痴めいた暗い話を一度たりともおっしゃられたことはなかった。神父の生活は、外から見る限り、「日々是好日」の、満ち足りた深い信仰生活、創造的な充実した生活を貫かれたように見えた。

だが、神父は深い孤独を味わっておられたのではないだろうか。ごミサに与《あずか》る人の少なさを嘆き、空しさを味わうこともあったのではなかろうか。神父は「何か面白くないことがあった時、農作業して汗をかいてそれを忘れます」とおっしゃったことがある。口には出さないが、面白くないこと、腹立たしいこと、辛いこと、そして寂しいこと――孤独を感じることも多かったのではなかろうか。神父の芸術的創作活動はそうした苦しみや悩みを忘れ、自らを癒し慰めるものだったように私には思われる。

一千七百点にある植物図譜、聖歌の作曲、詩や童話の創作、そして植樹など、考えてみれば、皆、孤独と沈黙から生まれる作業である。祈りもまた同様である。神父は自らの教会を「ロザリオ堂」と名付けていた。「ロザリオ堂」からはしばしば、神父の歌声が流れて来た。その間に教会で飼っている山羊の鈴の音が響いた。そこには深い沈黙と安らぎがあった。

繰り返すが、神父は豊かで創造的な孤独を生きた人であった。その分、多くの人との交際は少なかった。社交性に乏しかった、ともいえる。神父はあまり人に知られることなく、一人で生き、一人生涯を閉じられた。内なる神と語り、聖母マリアに慰められ、励まされて。

自作の『バイブルソングス』を歌うことは特にその力となった。「歌うことによって、よく祈ることが出来ます」と語る神父は、「歌う神父」であった。『バイブルソングス』が出版された後も、オリジナルの曲を生み続けた。

祈る時はロザリオを繰りながら祈った。そのロザリオはイチイやクルミ、ウメの木、サクラ、オノオレカンバ、クマヤナギなどを利用して、長い時間かけて削り珠《たま》にしたものだった。

神父は強い意志の人だったが、その強さは、こうした歌うこと、祈ること、によって得られる信仰の深さから来ていたと思う。

ある人は、シュトルム神父を讃える筆者に対して、非難するように言った。

「シュトルム神父が何人の信者を育てたというのですか。多彩な文化活動といいますが、それが神父の仕事でしょうか？　神父はある意味で自由に我儘《わがまま》に生きた人ではないでしょうか。今、あのような生活はできません」と。

確かに畑を耕し、山羊やアヒル・ガチョウなどを飼うなど農民に近い生活をし、その間に植物画を描くなど芸術的創作に励みながら宣教するというのは、神父一般のライフスタイルとしては特殊であり、みずからそういう生活を選ばれたという点で、「我儘」ともいえる。二戸カトリック教会に赴任されてから四五年間一度も転勤せず、文字通り二戸の土と共に生き二戸の土となった。トラピスト修道院に入ろうとも考えていた神父は、世俗から離れた孤独な、隠修士のような生活が肌に合っていたのかもしれないが、ベトレヘム会という組織に属し、組織としての活動もあったはずである。だが、そういう点で神父はあまり協力的でなかったかもしれない。

教会は神父と信徒とのいわば縦の関係ばかりでなく、信徒同士の横のつながりも大切なものとしてあるが、二戸カトリック教会は、信徒会長もなく、信徒同士のあらたまった話し合いがもたれるなどということもほとんどなかった。この点で、「信徒の時代」ともいわれる現代の教会の在り方から言えば反省すべき点もあろう。

繰り返しになるが、それにしても信徒はあまりに少なすぎた。もし御ミサに与《あずか》る人が毎回、一〇人を超えるようであったら、信徒同士の活発な活動も展開されていたかもしれない。もし神父が盛岡の四ツ家教会のように都市部の大きな教会に勤められていたなら、全く違った生活の仕方をされたであろう。神父に感化されて信仰の道に入る人がたくさん現れたかもしれない。少なくとも二戸で宣教するよりは多くの人を信仰に導いたであろう。

だがそれでは二戸におけるような多彩な文化活動はできなかったであろう。その意味で神父は、「二戸が育てたフランシスコ」であった。神父は「今、住んでいる教会は家が古くなって不便でしょう。新しく教会を建てましょうか…」という管区長（神父の所属するベトレヘム会の上司）の提案に対して、「自分がこの家に合わせて暮らしますから結構です」と言って辞退された。その言葉を借りていえば、神父は「二戸に合わせて暮らすことを選んだ」ともいえる。

イタリア、アシジのフランシスコは生前においてもすでに「聖人」として民衆の圧倒的な人気があり、多くの人に慕われた。しかし、同じようにキリストに倣って、清貧・貞潔・従順の生活を貫かれながら、「二戸のフランシスコ」「二戸の賢治」は筆者を含めて、ごく一部の人びとの心を捉えたにはしても、人気ある神父ではなく、静かに、ひそかにその信仰生活を全うされた。こちらから訪ねて行けば喜んで、情熱をこめて何時間でもキリストの教えを説いてくれるのに、キリスト教に関心をもって訪れる人は少なかった。

人生の最晩年、天国も近いという自覚の中で、だれしも自分の生涯を振り返り反省する心が沸き上がるものであろう。神父は自転車で転倒したことがきっかけとなって病の床に臥しがちな日々を送り、ごミサを捧げることも容易ならぬ病状となった。肺癌であった。告知を受け、否が応でも死を思わざるを得ない苦しみの中で、神父は生涯を振り返りイエズスに祈りマリアへの信仰を深めていった。死の床にあって、マリアに対する信仰はますます燃え、キリストとともに苦しみに与《あずか》る深い信仰を抱かれていたことは、本書所収の近藤真木子さんの思い出でも明らかである。

神父は、死に片足をかけるような日々にあって死を恐れなかった。むしろ死への憧れ、天国への深い希望を抱いておられた。神秘的な体験もされていた。見事なまでに信仰に徹した終末期を生きられたと思う。

病院のベッドに掛けられて垂れ下がっていた、神父手作りの長いロザリオを私は忘れることが出来ない。

後書きに代えて

私は二戸市の県立福岡高校教師（担当科目は国語）であった時、ゲオルク・シュトルム神父と出会い、昭和四九年、二八歳で神父から洗礼を授かった。「結婚しないより、する方が良い。それと同じく信仰のない生活より、神父様のような信仰を持って生活する方が良い。」と考えたからである。単純で、軽はずみな（?）あまり褒められた受洗の動機ではない。神父から「ナタナエル」という洗礼名を頂いた。ナタナエルはイエズスの弟子の一人で、イエズスに「あなたは本当のユダヤ人だ」と褒められた。「日本人であることとキリスト教徒であることは一致します。あなたも良き日本人であると同時に、良き信徒となることを目指してください」と説明された。それは私の人生の指針となった。といっても、相変わらず愚かで、弱い人間であることに変わりはない。二戸市で七年暮らした後、転勤して幾つかの高校を経て、平成二年、四四歳で岩手医科大学教養部文学科の教師となり、日曜日には、自宅のある滝沢村（現在は滝沢市）から二戸カトリック教会へ通うようになった。車で一時間半かかるが、大学の勤務となり、時間的にも余裕が出来た中で、再び神父から教えを受けたいと思ったからである。この間、神父に宮澤賢治の童話集をお貸しした。その童話を読んだことがきっかけとなって、神父も童話を創作され、童話集『子山羊とフランシス』（平成五年）、『幸せの種』（平成一〇年）出版となった。私はその出版の手伝いをした。

二〇〇四年（平成一六年）、神父は八九歳で帰天された。その一周忌の集まりの時、参列者のお話を聞いているうちに「シュトルム神父のことを伝える本を書こう」と決意、「それが自分の使命だ」とまで思うようになった。そうして完成したのがこの本である。二戸教会はなくなったが、本書によってそこに生きた一人の宣教師の生活と思想を世に広く紹介することが出来る。神父の帰天後一〇年余り経てようやく夢を果たした、その喜びは大きい。

　本書を在天のゲオルク・シュトルム神父の御魂に深い感謝と喜びをもって捧げたい。


　だが本を書いて、それで終わりではない。私にはさらなる三つの夢がある。

　第一に、同志を募って、共に神父の植樹の精神を思い起こして、環境の保護を考え、日常生活の中で実行したい。これについては昨年、神父の命日である七月二九日、二戸市の大平野球場で、「シュトルム神父植樹記念祭」を実施したのもその一つである。

　第二に、私は二戸市民でもないのに厚かましいお願いではあるが、神父が二戸市に寄贈された「二戸の植物図譜」の展示発表会を見たい。神父から植物図譜を受けた二戸市でそれが出来ないものか。あるいは常設展示など出来ないものだろうか。展示場にはＩＢＣ岩手放送制作のテレビ番組「木を植える神父」のビデオを流せば、植物画鑑賞だけでなく、生きた神父に親しくお目にかかることも出来る。

　第三に、神父の作曲された『バイブルソングス』の発表会を県内、あるいは広く全国各地で持ちたい。『バイブルソングス』は忘れ去られるには惜しい名曲である。私は毎日歌っているが飽きることがない。特に「マリア産期みちて」とか「わずかの母乳《ちち》に」など一般の人も親しめるクリスマスの名曲だと思う。私は『バイブルソングス』を広める運動を起こしたいと考え、声楽家の大森幹子さん、佐藤潤さんと共にその発表会も実施している。『バイブルソングス』復興も私の夢である。

シュトルム神父が遺された文化的遺産は、工夫次第で二戸市の歴史・文化観光資源ともなりうる。神父はマスコミ嫌い、名声嫌いであったが、帰天された今なら、こうした事業を喜んでお受けするだろう。

本書が完成するまでいくつもの困難があった。正直言って安産ではなかった。出版の期日も当初の予定より大幅に遅れ、内容も大分変った。この間、多くの方々に目を通して頂き、ご意見や感想、アドバイスを得るなどご迷惑をお掛けした。シスターの平井一子さん、岩手日報社の河守田進一さんにお世話になった。信徒や友人にも支援アドバイスを頂き、湯口靖彦さんと高橋章浩さんには貴重な写真を提供して頂いた。これらの方々に厚かましさをお詫び申し上げると同時に心から感謝申し上げたい。

「ケセン語医師」として知られる岩手県大船渡市のカトリック信徒、山浦玄嗣先生には外国語についてのご教示を頂き、内容についても様々なアドバイス、ご助言を受けた。なお山浦先生には『ガリラヤのイエシュー』(イー・ピックス)という歴史に残る画期的な聖書の翻訳があり、その解説書『イチジクの木の下で（上・下）』（イー・ピックス）がある。ここにご紹介して一読をお勧めしたい。大船渡市のイー・ピックス出版社の熊谷雅也社長には、率直なご批判やアドバイス、また編集のヒントも頂き出版の難しい本を世に送りだして頂いた。

このお二人には特にお礼申し上げたい。

本書は自費出版であり、資金集めの苦労も多かった。その中で、出版のために多額のご寄付を頂いたことは大きな励ましとなり力ともなった。ここに寄付者の氏名を列記して感謝の微意を表したい。

岩手日報社様・ＩＢＣ岩手放送様・近藤真人様（医師）・込山裕司様（プラム工芸）・坂本正一様・高橋章浩様・鈴木守様

〈付録〉

木を植えた人たち

虔十《けんじゅう》、ブフィエ、シュトルム神父

※本稿は岩手大学宮澤賢治センター編『賢治学』第5輯（平成三〇年六月刊）に掲載した原稿に一部手を加えて再録したもので、本文と一部重なる記述があることをお断りしておきます。

始めに

賢治を読む人は、ただ作品を読むだけでなく、多かれ少なかれ、賢治的な実践をしたいと思っている人、また現に賢治的な実践をしている人も多いのではなかろうか。賢治の作品は、個人の道徳的覚醒、向上をうながし、また社会運動として、仲間と共に実践する刺激にもなる。

賢治的な実践の特徴は自分の利益を目指すのでないこと、むしろ、自分の時間や労力、お金などを犠牲にして人と社会に奉仕しようとするボランティア精神[注1]である。賢治は日本の社会でボランティアということがそれほど普及していない時代において、貧困に苦しむ農民を救おうとして命を懸けたボランティアだった。

そのボランティアという言葉を賢治の思想に即して言えば、後述するように「菩薩」と言う言葉がこれに近い。

賢治は花壇設計もしているが、植林の経験があったかどうか。確かなことはわからないが、『虔十公園林』という童話で、「杉ぁ掘る時、掘らねばわがないんだ」（杉は根に合わせて土を掘らないといけない）というような記述があることや、枝打ちの話が出てくることなどから考えて、植林法にも通じていたかと思われる。杉の木は学校植林でよく植えられていたから、その体験もあったかもしれない。

植樹は木々の命をはぐくみ、環境を守り、育てる仕事である。岩手の二戸市という場から、その植樹、自然保護を考え、あるいはまた、それに関連した賢治的な実践（文化運動）をしたい、と筆者は夢みている。

それは虔十、ブフィエ、シュトルム神父という三人の木を植えた人に心惹かれているからである。賢治に『虔十公園林』があり、二戸市に「シュトルム公園林」がある。ブフィエは、ジャン・ジオノの短編小説『木を植えた人』の主人公の名前である。

ここでシュトルム神父について紹介しておく（ちなみに筆者は、二八歳の時、神父から洗礼を授かったものであり、神父は筆者にとって生涯の師である）。

神父は一九一五年、スイスに生まれ、フリブール大学、グレゴリア大学で哲学を学んだ後、ベトレヘム会の神学校で学び、一九四六年中国に渡って布教を志すも、宣教師追放の難にあって、一九五二年来日、大籠《おおかご》教会（一関市藤沢町）、水沢教会などで司牧された後、一九五九年から、八九歳で帰天される二〇〇四年まで四五年間、二戸カトリック教会を司牧された。日本での生活は五二年に及ぶ。

神父は二戸市在住の間、二〇年余りに渡って、市内の各地に二千本以上の植樹をされた。二戸市民はその行為に感銘を受けて大平《おおだいら》野球場周辺に「シュトルム神父植樹記念ロード」と記したプレートを記念碑として立てた。それ以前に、筆者は賢治の『虔十公園林』と対照して理解を深めたいということから、一人「シュトルム神父公園林」と名付けていた。

（一九八九年に出版された神父作の童話『幸せの種』の解説）

神父が二戸市内の県立病院で帰天されたのは二〇〇四年七月二九日、それから一三年、二〇一七年一月に、二戸カトリック教会は道路の拡張工事のために取り壊しとなった。そこに生きた神父を思い起こさせるものは何一つない。

筆者は神父なき今、神父を賢治に近い人、「聖人《せいじん》注2」であったと信じ、「木を植えた人」「二戸のフランシスコ」として顕彰すべくささやかな運動をしている。

二〇〇〇（平成一二）年、賢治学会の理事会において、神父はイーハトーブ賞の授与決定をみている（筆者もその理事の一人であった）。しかし、神父は受賞を辞退された。理事たちはＩＢＣ岩手放送制作の番組「木を植える神父」を見て、一人の異論もなく、賞の授与を決定していたのに残念なことではあった。ただ本人が受賞を承諾しようと、拒否しようと、神父の植樹活動、その生き方、思想が賢治精神に通うものだ、ということを理事の皆が認めたという点では同じことである。むしろ名誉ある受賞を辞退されたことこそ賢治精神に近いともいえようか。

昨年（二〇一七年）、初めて二戸市の大平野球場で「シュトルム神父植樹記念祭」を開いた。わずか九人の参会者であったが、神父を思い起こし、その植樹活動を伝えるうえで、貴重な集会であった。二戸市の副市長や岩手屋の副社長の参加もあった。今後も「シュトルム公園林」に集い、その植樹の精神（シュトルム精神）を想起したい。まずは筆者自らが学習し、さらには植樹、自然保護の問題に関心のある同志を募って運動を起こしてゆきたい。

以下の文章はそのような動機をもって書かれるもので、木を植えた三人の人を紹介し、環境保護の問題を考えるヒントを提供しようとするものである。

（注1　ボランティアは、もともと「志願兵」という意味で、聖地エルサレムのイスラム教徒からの奪還を目指した十字軍志願のように宗教的な背景を持ち、自己犠牲となることをいとわず戦地に赴く人をいう言葉だった。その意味が広がって自発的な無償の奉仕活動また、その活動をする人を広く指すようになった。

（注2　カトリックで信仰と徳に特別優れた信徒として崇敬される人。シュトルム神父は、列聖されたわけでないが、筆者は個人的に「聖人」であったと信じている。

一、『虔十公園林』

あらすじと主題

童話『虔十公園林』のあらすじをまとめておく。

虔十という少年は、いつも「にこにこ」、時には声を抑えて「はあはあ」笑って、少し足りない子供だと仲間から思われていた。ある時、虔十は親にねだって杉の苗を買ってもらう。杉は五年目までは真っすぐ空の方へ伸びたが、それ以後は、七、八年目になっても頭が丸く変わって、高さ九尺くらいで止まってしまう。虔十は一人の百姓から枝打ちをするのが良いと教えてもらった。枝打ちをして立派になった杉の木の間を五〇人ほどの子供たちが歩調をそろえて行進して遊んでいた。杉の木は青い服を着て歩いているように見えて、子供たちは大喜び。杉の列には東京街道、ロシア街道などという名前も付けられる。虔十はその子供たちの遊ぶ様子を見てうれしくてならない。しかし、雨の日は子供たちが来ないので虔十はその杉林の前でずぶぬれになって、湯気を立てながらいつまでも立って見ている。ある霧の深い朝、友達の平二に、「畑が日陰になるから杉を伐れ」と言われるが、虔十は「伐らない」と言い張り、その林を守り抜く。平二も虔十も、その年、腸チフスで亡くなる。

約二〇年後、村の畑や田はなくなり、すっかり町に変わっている中で、虔十の植えた杉の林だけは立派に残っていて、子供たちが毎日集まって遊んでいる。久しぶりに母校の小学校を訪れたアメリカで教えている博士は、その林を見て、昔、皆に馬鹿にされていた虔十という少年がいたということを思い起こし、誰が賢く、誰が賢くないかわからないものだ、「十力の作用」は不思議なものだ、そこを「虔十公園林」と名付けていつまでも大切にしたらどうか、と提案する。皆も同意する。その林は美しい公園地となって、子供たちにいつまでも「幸せ」(仕合わせ)を与え続け、何が本当の「幸い」かを教え続けている。こんな話である。

物語の主題は、この「十力の不思議な作用」を説くことにあるのだろう。「十力」とは、仏が持つといわれる十種の知力をいう。[注1]具体的には、例えば各自の業と果報を知る力、衆生が死後に赴く世界を決める因を知る力、道理と非道理を知る力、自他の過去世を知る力などの力を仏が持つとされている。それは人間の理解を超えた不思議な、大いなる力である。物語に即して言えば、愚かと見えた虔十が人々に幸福をもたらす「美しい公園林」を残した、というところに見えぬ仏の大いなる不思議な力が働いている、というのである。

『虔十公園林』は、つまりは仏教の教えを説く仏教童話である。人々に「少し足りない」と思われ、差別され、笑われている少年、素直で反抗を知らない、純真な少年に対する作者賢治の慈しみ、哀れみ、優しさをそこに見ることが出来る。
それは「貧しいあなたたちは幸せである。神の国はあなたたちのものであるから。今、飢えているあなたたちは幸せである。あなたたちは満たされるだろうから」(『ルカによる福音書』六章)などといったキリストの言葉を思い起こさせる一種の「逆説(パラドックス)」である。宗教的真理は時として、逆説を以て表現される。この童話の面白さ、深さもまたそこにある。

(注1 仏陀の略。訓読みで「ほとけ」。完全な悟りを得た聖者。特に釈迦を指すこともあるが、ここでは神格化されて神、あるいは、その摂理という意味に近い。

虔十と賢治

「虔十公園林」は文字通りの公園ではなく、寓意的な意味づけがなされている。「何が本当の幸せか」ということを賢治は生涯問い続けたが、「虔十公園林」こそ、その幸せを教えるものであり、そこに解答がある。
「虔十公園林」は、賢治の生涯に当てはめて考えれば『法華経』を指すとみることもできる。賢治は『法華経』こそ人類を救う、人類を幸せに導く経典だと信じていた。そして『法華経』の教えを実践し、それを伝えることが自分の使命だと自覚していた。賢治は若き日の友への手紙で「ああ至心に帰依し奉る妙法蓮華経」(大正七年三月一四日前後、保坂嘉内宛書簡)

と書いているように『法華経』信仰に熱く燃えた「法華の行者」であった。その信仰は生涯変わらなかった。『法華経』千部を印刷して知己、友人に分けて欲しい、その際、次のように添え書きしてほしい、と父に託した遺言でそれは明らかである。

私の全生涯の仕事は此の経をあなたの御手元に届け、そして其の中にある仏意に触れて、あなたが無上道に入られんことをお願ひするの外ありません。
昭和八年九月二十一日臨終の日において（『宮澤賢治伝』堀尾青史）

ここには自分の死を目の前にしてなおかつ、人々の救いを願う賢治の菩薩的な信仰が端的に述べられている。「雨ニモマケズ」手帳に記されたメモ「経埋ムベキ山」の「経」も、『法華経』のことであり、『法華経』を後世に伝えるために、経筒に入れて、地中に埋納して欲しいと遺言している。それを見ると沼森（滝沢市）、篠木（滝沢市）、岩山（盛岡市）など三二の山が記されている。短絡的な解釈は危険だが、杉の木の植樹は、『法華経』を埋める行為を先取りしたものとも読めないわけでない。

『虔十公園林』は仏教の教えを説く昔話、説話的な童話であるが、そこに賢治の信仰からくる理想とする人間が述べられている。「願わくは、かくのごとき人間でありたい」と夢見て造形したのが虔十であろう。それは「雨ニモマケズ」の詩における「デクノボー」に近い、無力な、世間的な名声や評価と程遠い、人々にあなどられている人間だった。そこには多くの人が指摘するように『法華経』に出てくる常不軽菩薩《じょうふきょう》[注1]の影響もあるだろう。だがそこには、硬直した生真面目な信仰ではなく、煩悩の境涯を脱し、自由となった、悟りを開いた「菩薩」にも近い賢治の成熟した信仰からくるゆとり、おおらかさがある。

賢治は仏の教えを語る菩薩であった。もしくは菩薩として、虔十の公園林について、その由来を昔話風、説話風に語ったのが、この童話だと思う。ちなみに、菩薩とは「仏の位の次にあって、悟りを求め、衆生を救うために多くの修行を重ねるもの。将来、仏になるもの」とされる。

賢治は童話の創作において（その鋭い芸術的な感覚ゆえに）仏教的な臭みを排除しよう努めたが、仏教色を明確に打ち出した作品、仏教説話風の一連の作品群[注2]もある。賢治は童話を通して自分の篤く信じる仏教の教えを伝えようとした。「雨ニモマケズ」手帳に記されているように、「高知尾氏ノ奨メニヨリ」「法華文学ノ創作　名ヲアラハサズ　報ヲウケズ貢高ノ心ヲ離レ」[注3]て、「法華文学」を書くことを志した。賢治の目指したのは「名」を表し、「報（酬）」を得る職業的詩人、童話作家ではなかった。一言で言って、賢治は『法華経』の宣教師であった。

（注1　あらゆる人に仏性があることを信じるがゆえに、すべての人を軽んぜず、会う人ごとに礼拝したという菩薩。「雨ニモマケズ」手帳には、この常不軽菩薩をテーマとした詩もあり、賢治がこの菩薩に親しみを抱いていたことは確かである。

（注2　例えば『インドラの網』『ひのきとひなげし』『めくらぶだうと虹』『ひかりの素足』など。

（注3　大正一〇年一月、突然、無断上京した賢治は、上野鶯谷の国柱会本部を訪ねた。その時、応接したのが講師、高知尾智耀で、その高知尾に「法華文学の創作を勧められた」というのである。実際には、高知尾ははっきり法華文学を書くことを勧めたのではないようだが、賢治は勝手にそう解釈したらしい。いずれにせよ、この一節は、賢治がなぜ童話を書いたか、童話作家賢治の誕生を考えるうえで、極めて重要である。

虔十・賢治の笑いと自然体験

賢治は『銀河鉄道の夜』の原稿で、自らの名前をkenjuとかkenjyと表記しているという。[注1]そこからも分かる通り、虔十は賢治自身である。より正確に言えば、虔十は賢治が自らの理想として創り上げた菩薩像であり、賢治の信仰が反映している。

虔十の一番の特徴は、いつも一人笑い、笑みを浮かべていることである。現実にそんな子供がいたら、馬鹿にされるだろう。果たして虔十も皆から馬鹿にされ、いじめを受けていた。

なぜ虔十は笑い、笑みを浮かべているのだろうか。それは「雨の中の青い藪を見」たり、「青空をどこまでも翔けて行く鷹を見付け」たりするとうれしくてならず、「ブナの葉がちらちら光る」のを見、ひばりが鳴くのを聞いたり、杉の緑の葉からしずくが垂れたりしているのを見たりすると、自然に体中から喜びがあふれて笑み、笑わずにおれなかった。虔十は、知的には劣るものの無邪気で、純真・自然との深い、不思議な、身体的ともいえるような交歓体験の持ち主だった。

虔十の笑いは、賢治自身の自然体験を反映したものであろう。『イーハトーボ農学校の春』という作品を読むと、教師生活を日記的に描きながらも賢治の自然に対する感受性がどれほど深いものであったかを知ることが出来る。賢治も空を見てわくわくし、ひばりの鳴き声を聞いて「もくもく湧いてくるうれしさに」笑い出さずにおれない人だった。

虔十に友達はいなかったが、自然が友であった。人間の社会では馬鹿にされ受け入れられず孤独だったが、自然を友とする一種の「自然児」「野生児」だった。これもある程度まで賢治に当てはまる。賢治の自然体験は孤独な信仰とも重なっていた。山河を跋渉《ばっしょう》しながら、賢治は読経した。賢治の詩の中には経典の一節が織り込まれている作品もある。[注2] 賢治の『法華経』信仰は修験道のように自然体験と融合し、時には『十力の金剛石』に見られるように大歓喜をもたらす幻想空間へと誘った。

賢治の笑いと言えば雨ニモマケズの詩にあるような、静かで穏やかな微笑みが思い出される。しかし虔十の笑み、笑いは、それとは異なった、自然との交歓が生み出す、自ずと内から湧き出す歓喜であった。その内発的歓喜の現れが虔十の笑み、笑いであった。それは他の人には理解できないものであった。だから孤独だった。賢治も人には容易に理解できない深い内的な自然体験を持っていた。それは賢治の詩の源泉となってあふれ出た。
賢治は自分を取り囲む自然に、深い共感能力を抱いていた。鳥や風、花や太陽やら、それらはアニミズム的な感性で生き生きと感受された。そのアニミズム的な感性の根底に『法華経』の信仰があった。それは同時に「風とゆききし　雲からエネルギーをとれ」という自然との交歓が生み出す力にもつながっていた。

素朴な説話めいた仏教童話『虔十公園林』には、一方で、鋭い、詩的な表現が見られる。その最も美しい箇所を上げれば次の最後の一節。

全く全くこの公園林の杉の黒い立派な緑、さはやかな匂い、夏の涼しい陰、月光色の芝生がこれから何千人の人たちに本当のさいはひが何だかを教えられるか数えられませんでした。
そして林は虔十の居た時の通り雨が降ってはすき徹《とお》る冷たいしずくをみじかい草にポタ

リポタリと落としお日様が輝いては新しい綺麗な空気をさはやかにはき出すのでした。

読む者の心まで洗われるような透徹した、美しい描写はまさに詩人のそれである。現に「すき徹る冷たいしずく」という表現は詩「永訣の朝」にも出てくる。

自然の美しさに感動することは、私たちの心を豊かにする。賢治の詩や童話の多くはそうした豊かな自然体験から生まれた。私たちも賢治に学んで、自然の美しさに深く感動する人間でありたい。自然環境の保護というのも、それがなくては虚しい。

（注1　ちくま文庫の天沢退二郎解説による。

（注2　例えば『春と修羅』所収の詩、「有明」は、末尾に『般若心経』の一節が記されている。日常的に読誦、あるいは書写していたことの表れであろう。

二、小説『木を植えた人』

あらすじと主題

『木を植えた人』は一九五三年にフランスの作家ジャン・ジオノによって書かれた短編小説である。日本では原みち子訳で、こぐま社から一九八九年に発行されたものを初め、絵本としても数種類、出版され、版を重ねるなど大きな反響があった。内容はタイトルが示す通り、プロヴァンス地方の高地を舞台に木を植えた人の物語である。

物語は、語り手である「私」が四〇年ほど前に出会ったブフィエという人物のことを回想しつつ紹介していく、という形をとって進行する。「私」は一九一三年、羊飼いで団栗《どんぐり》（樫の実）を植えている男（ブフィエ）と出会い、その小屋に泊めてもらう。その時、彼の人間性に心惹かれていろいろと尋ねる。第一次世界大戦（一九一四〜一九一九年）があり参戦、退役した私は再びその丘陵地帯を訪れる。以後、毎年訪れ、最後の出会いは一九四五年七月、ブフィエは八七歳になっていた（その二年後、ホスピスで亡くなる）。

その間、ブフィエは羊飼いから養蜂家になって生活しながらも、ひそかに、黙々と、うまずたゆまず木を植え続けていた。五五歳で妻子を失っていたブフィエは樫や楓《かえで》、橅《ぶな》、樺《かば》など、一人で植え続けた。その結果、廃墟のような土地、そこに住む住民も粗野で、互いに憎みあっていた荒れ地が豊かな森林となり、人々は森のもたらすいろいろな香り、優しいそよ風、きれいな泉に囲まれ、健康で幸せな村となった。

物語の主題は、一人、黙々と木を植え続けたブフィエの忍耐強い、ひそかな善行を「神に似た働き手」「神に選ばれた働き手」として讃えることにある。

小説では物語の冒頭に、この作品の主題を示す次の文章が掲げられている。二つの訳を紹介しておく。

ある人が真になみはずれた人物であるかどうかは、好運にも長年にわたってその人の活動を見つづけることができたときに、初めてよくわかる。もしその人の活動が、たぐいまれな高潔さによるもので、少しのエゴイズムもふくまず、しかもまったく見返りを求めないもの、そして、この世に何かを残していくものであることが確かならば、あなたはまちがいなく忘れがたい人物の前にいるのである。

(原みち子訳『木を植えた人』こぐま社)

人びとのことを広く深く思いやる、優れた人格者の行いは、長い年月をかけて見定めて、初めてそれと知られるもの。

名誉も報酬ももとめない、まことおくゆかしいその行いは、いつか必ず、いつか必ず、見るもたしかなあかしを、地上にしるし、のちの世の人びとにあまねく恵みをほどこすもの。

（寺岡襄訳『木を植えた男』あすなろ書房）

エピグラフとして掲げられたこの一文を導入として、一人の無名の老農夫、ブフィエの生涯が紹介される。ブフィエの生き方は欲望や虚飾に満ちたこの社会で、ひそかに善行に励み、忍耐強く、謙虚に生きる安らぎと幸福を教えている。

その背景として、世界大戦による国土の荒廃ということもさりげなく書かれている。

『虔十公園林』と『木を植えた人』の比較

木を植えた人を主人公としながらも『虔十公園林』と『木を植えた人』には興味深い対照が見られる。以下、気づいたことを整理してみよう。

共通点としてまず、両者はともに死後に残したものが問題とされている。これは人生の価値は、「人がこの世で何を残すか」で決まるという観念が根底にあることを示しているともいえよう。樹木は植樹というボランティア的な活動を通して残された遺産で、長い年月に渡って人々に恵みを与え続ける。その遺産は、個人的に、例えば「我が子」へ遺したものでなく、社会全体に贈られた遺産であり、すべての人々に幸福をもたらすものであった、という点でも共通している。

そういう共通点はありながら、両者はその作風・テーマにおいて大きな違いがある。それをまとめると以下の様に整理できようか。

1、『虔十公園林』（以下、前者とする）は、人知を超える仏の知恵、「愚かと思われていたものが、実は大きな働きをしている」という摂理を教えている。公園林はその存在が人々を楽しませ幸せをもたらすと同時に、虔十の公園として、虔十の人生を考え、幸福とは何か考えさせる「瞑想」の場で、教育的な機能を担っている。

それに対して『木を植えた人』（以下、後者とする）は、木を植えた人の長年にわたる努力が実を結んで、荒れ果てた廃墟のような村が森に包まれた健康的で豊かな村となって、人々に希望や幸せをもたらした。作品において、植樹ということが環境の中でどれほど重要な役割を果たしているかが強調されている。

2、主人公として、前者は作者の空想の産物であり、現実にはあり得ない人である。ストーリーも事実と考えるには無理がある。作者の想像の中に存在しているのが虔十であり、虔十の中に作者自身が投影され、融合している。

後者の主人公は妻子を失った五五歳から八七歳にかけての孤独な男で実在も考えられる。そもそもこの小説は、実在する人物で感銘を受けた人を主人公として作品を書いてほしい、という出版社の依頼に応じて書かれたものだという。主人公と作者は切り離され、主人公は客観的に書かれている。話の内容も極めて現実的、実際的で伝記と呼ぶことも可能である。

前者は詩に近い、それに対して後者は伝記的なルポに近づいている。

3、前者において、仏教の教理が直接に説かれている。アメリカから一時、帰国し故郷の村の小学校の杉林を見て、ここに虔十公園林としたらと提案した博士に託して、賢治は自らの信仰、仏の摂理を語った。博士の言葉は「賢治菩薩」の説く一種の説法である。

それに対して後者はキリスト教が背景として潜んでいる。ブフィエは「神に選ばれた働き手」であり、その行為は「神にも似つかわしい見事な仕事」と称賛されている。荒廃した病んだ村が蘇ったことは「ラザロは墓から出ていた[注1]」と述べられ、植樹は、たった一人の人が「荒れ地からカナン[注2]を起こすことが出来た」とキリスト教のメタファア（隠喩）を借りて表現されている。しかし、これは作者自身の信仰を物語るものとはいえず、欧米社会に共有されているキリスト教的な常識というべきものである。キリスト教的常識——教養が衣装のように作品を包んでいるといっても良い。

（注1　ラザロは死後四日経ち、墓に埋められていたがキリストの奇跡によって再び生き返ったとされる（『ヨハネによる福音書』一一章）。ここでは死からの再生を意味する象徴として使われてい

る。

（注2　パレスチナの古代名。アブラハムとその子孫に与えられると約束された土地で、しばしば「乳と蜜の流れる地」とも表現される豊穣な実りをもたらす地である。

三、シュトルム公園林

シュトルム神父は長きに渡って二戸カトリック教会の司祭として勤められたが、その間、植物画を描き、作曲し、詩や童話を作り、聖母子やキリストの御像・ロザリオを作るなど、孤独な生活の中で、豊かな、創造的な生活を送られた。その幅広い文化活動によって生み出されたものは、貴重な「遺産」として今に残されている。二戸市に贈られた二千点近い植物図譜、音楽之友社から出版された『バイブルソングス』、『子山羊とフランシス』(岩手日報社)・『幸せの種』(信山社)などの童話である。

中でも忘れてならないことは、その植樹の実践と精神である。神父は「木を植えた人」であった。虔十やブフィエに近い人、身びいきしていえば、それ以上の人であった。

神父は大平野球場周辺に三百本余りの木を植えられた。春を鮮やかに彩るオオヤマザクラ、故郷のスイスから種を取り寄せたドイツカシワ、リスやムササビのために植えたハグルミ、車が熱くならないように木陰を作るドイツトウヒなどが野球場を囲む散策路の斜面に今、育っている。二戸市を代表する山、折爪岳にも植樹された。

神父はお手伝いの中野さん以外手伝う人もなく、たった一人でひそかにボランティアとして植樹をされた。教会の庭に種を播いて苗木を育て、それを移植した。地域に住む人たちのため、そして樹木のいのちを守り育てるためであった。神父の植樹は、根底に神の創造の業に倣って命を育むという信仰があった。また樹木についての知識や植林の技術があり、後の世の人たちを楽しませたいという無私の心があった。

神父の植樹の思想は、ご自身の信仰や環境保護の思想、生活の仕方などとも深くかかわっている。筆者は長年に渡り神父に親炙し、その言葉を聞き、メモしてきた。以下にその語録を紹介し、神父の植樹の思想について理解を深めると共に、併せて環境保護運動のヒントとしたい。これらの言葉を巡って、ブフィエや虔十と比較したり、黙想したりするとか、互いに意見交換するなどしていただければ有難い。「虔十公園林」が「本当の幸せとは何か」、問い続けているのと同じように、「シュトルム公園林」も私たちにそれを呼び掛けている。

※以下、本書八六ページ「神の御業」以下の語録が入りますが、ここでは重複しますので割愛いたします。

最後に付け加えて紹介しておきたいことがある。それは二戸駅裏に開設された「とっこの森」のことである。「とっこ」は、仲間が集まって歓談する、という意味の二戸地方の方言で、仲間が里山に集い、歌い、語り、自然に親しみ、遊ぶことで現代人のストレスを解放する場にしたいと夢見て設けられた小さな森である。開設者は元小学校校長の小山田四一さん。小山田さんは、賢治に関心を持つと同時に、シュトルム神父にも共鳴、現在、筆者と共に神父顕彰運動の協力もいただいている。「とっこの森」が「シュトルム公園林」と共に広く二戸市民に知られ、学習や体験の場として成長していくことを筆者は願っている。

茅葺き屋根の家（二戸市の民家）ー神父のペン画

バイブルソングス
G・シュトルム 作曲

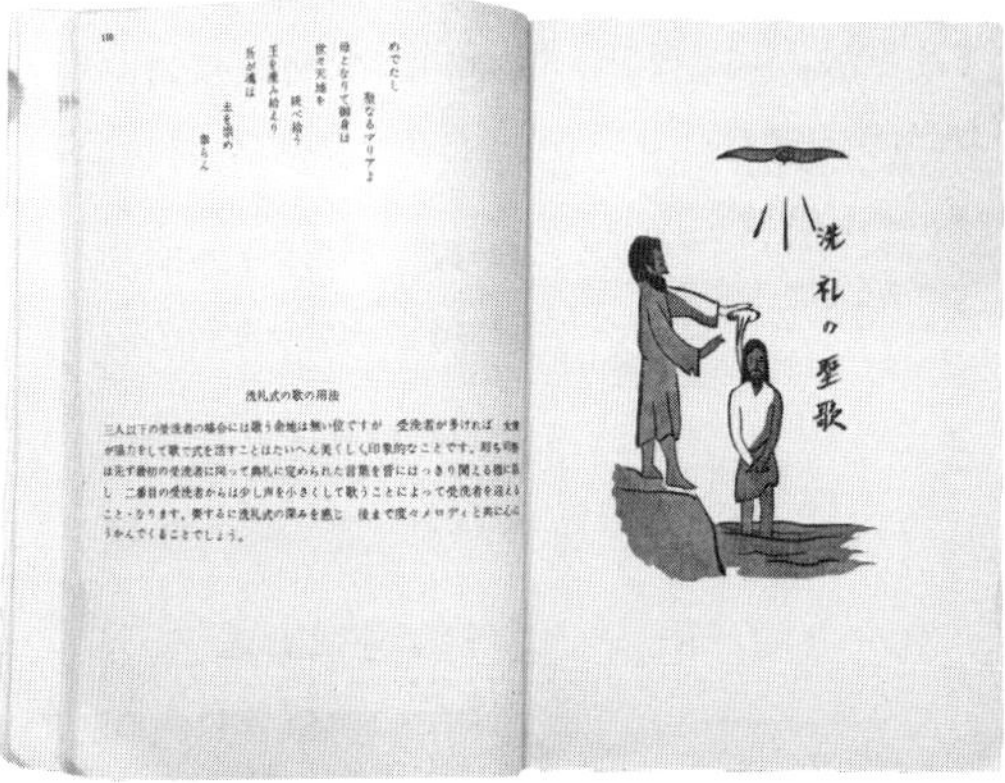

筆者所有の『バイブルソングス』の本

わずかの母乳に

♩＝69
わずかの　ちちに　や　しなわるるお
さなごの　みにしあ　れども
いちは　のとり　だ　に　えさに　うえ
て　なくをゆ　るさ　じ
3

マリア産期満ちて家子《うい》を生み　布に包みて
馬槽に臥させ置きたり。
わずかの母乳に養わるる幼児の身にしあれども
いち羽の鳥だにえさに餓えてなくをゆるさじ
二月二日　これぞ異邦人を照すべき光　信ずる
者のほまれなり
シメオンの讃歌
(一)主よ今こそ御言葉のままに僕をやすらかに
ゆかしめたまえ
(二)そはわが眼御救いを見たれば
(三)これぞ主が万民の前にそなえしもの
(四)ねがわくは聖父と聖子と聖霊にさかえあれ
(五)始めにありし如く今もいつも世々にアーメン

マリア産期満ちて

ルカ　2ノ7

♩＝50
マ ―――― リ ア さ ん き み ち て う
い ご を う ―――― み う い ご を う
み ぬ の に つ つ み て ぬ
の に つ つ み て ・ う
ま ぶ ね に う ま ぶ ね に ふ さ せ う
ま ぶ ね に お き た り

シュトルム神父手書きの譜面

Salve Regina
元后
Gen—kō, awa-remi-fukaki on ha-ha warera no inochi
nagusa me oyobi nozomi naru Mari—a. Warera
chikutaku no mi naru Ewa no ko nareba on mi ni mu-
kai-te yoba-wari kono namida no tani ni naki-sakebite
hitasura aogi no-zomi tatematzuru. A—— warera no
dai gansha yo awaremi no on mana-ko o mo—te warera
o kaerimi tama-e. Ma—ta kono chikutaku no
owaran nochi tōtoki on ko Je-su o warera ni shi—meshi

略歴

黒澤《くろさわ》　勉《つとむ》

1945年 青森県十和田市生まれ。東北大学文学部国文科卒業。27歳でシュトルム神父に出会い、以来、40年余り師事してきた。岩手県内の高校教師を22年間勤めたのち、岩手医科大学教養部、共通教育センターの文学科教師として20年間勤務し2011年退職。著書に『日本語つれづれ草』『病者の文学ー正岡子規』『子規の書簡(上)(下)』『東北民謡の父 武田忠一郎伝』『言葉と心』『盛岡ことば入門(一)〜(五)』『オーラルヒストリー 拓魂』。近年に書かれた論文に「柳原昌悦と宮澤賢治」「満蒙開拓青少年義勇軍の夢と現実」がある(いずれも『北の文学』所収)。

木を植えた人・二戸のフランシスコ
ゲオルク・シュトルム神父の生活と思想

2018年7月29日　初版第1刷発行

著者　黒澤　勉
編集者　熊谷雅也
発行所　イー・ピックス
〒022-0002　岩手県大船渡市大船渡町字山馬越 44-1
TEL｜0192-26-3334　FAX｜0192-26-3344

装幀・本文デザイン　MalpuDesign(清水良洋・佐野佳子)
印刷・製本　㈱平河工業社

ISBN978-4-901602-66-2　C0016 ¥1900E